U0520060

丝绸之路与吐蕃文明

杨铭 李锋 著

商务印书馆
2018年·北京

图书在版编目(CIP)数据

丝绸之路与吐蕃文明 / 杨铭，李锋著. — 北京：商务印书馆，2017（2018.11重印）
（丝瓷之路博览）
ISBN 978-7-100-12962-6

Ⅰ.①丝… Ⅱ.①杨… ②李… Ⅲ.①吐蕃—民族历史—中国②吐蕃—民族文化—中国 Ⅳ.①K289

中国版本图书馆CIP数据核字(2017)第032873号

权利保留，侵权必究。

丝绸之路与吐蕃文明
杨铭 李锋 著

商 务 印 书 馆 出 版
（北京王府井大街36号 邮政编码100710）
商 务 印 书 馆 发 行
北京富诚彩色印刷有限公司印刷
ISBN 978-7-100-12962-6

| 2017年4月第1版 | 开本 880×1230 1/32 |
| 2018年11月第2次印刷 | 印张 6 3/4 |

定价：42.00元

主　　办：中国社会科学院历史研究所中外关系史研究室

顾　　问：陈高华

特邀主编：钱　江

主　　编：余太山　李锦绣

主编助理：李艳玲

编者的话

《丝瓷之路博览》是一套普及丛书，试图以引人入胜的方式向广大读者介绍稳定可靠的古代中外关系史知识。

由于涉及形形色色的文化背景，故古代中外关系史可说是一个非常艰深的研究领域，成果不易为一般读者掌握和利用。但这又是一个饶有趣味的领域，从浩瀚的大海直至无垠的沙漠，一代又一代上演着一出又一出的活剧。既有友好交往，又有诡诈博弈，时而风光旖旎，时而腥风血雨。数不清的人、事、物兴衰嬗递，前赴后继，可歌可泣，发人深省。毫无疑问，这些故事可以极大地丰富人们的精神生活。

本丛书是秉承《丝瓷之路》学刊理念而作。学刊将古代中外关系史领域划分为三大块：内陆欧亚史、地中海和中国关系史、环太平洋史。欧亚大陆东端是太平洋，西端是地中海。地中海和中国之间既可以通过海上丝绸之路，也可以通过草原之路往来。出于叙事的方便，本丛书没有分成相应的三个系列，但种种传奇仍以此为主线铺陈故事，追古述今。我们殷切希望广大读者和作者一起努力，让古代中外关系史的知识走进千家万户！

2012年秋

引　子

　　当你走进莫高窟第323窟，一定会像其他人一样，在窟内的北壁驻足下来，因为这面墙壁上有四组画面吸引着你的眼球。画面中一个皇帝模样的人在"甘泉宫"跪拜完佛像后，带着一群大臣、侍从到郊外送别一个使臣。只见这位使臣向皇帝跪拜辞别后，就骑着马，带着随从、行装，朝远处的崇山峻岭走去，而山岭之间到处是荒无人烟的景象。在经过长途跋涉之后，使臣终于到达一个城内有佛塔的地方，几个比丘状的人正迎候在此。看到这里，或许你仍然对画面内容不甚了解。但有幸的是，我们在壁画的榜题中发现"前汉中宗既获金人，莫知名号，乃使博望侯张骞往西域大夏国问名号时"的字样。无疑，这幅壁画描绘的是西汉时期张骞出使西域的画面。

　　张骞第一次出使西域，虽然没有完成汉武帝交给他的联络大月氏夹击匈奴的任务，但是他的这次出使却开辟出一条连接东西方的通道，这条通道后来被学人们称为"丝绸之路"。对于丝绸之路的具体走向，学人们有诸多不同的看法，现今比较有代表性的说法是，丝绸之路指的就是中国经中亚通往南亚、西亚及欧洲、北非的陆上贸易通道，因有大量的中国丝织品经过这条道路向西运输，所以这条道路才被称为丝绸之路。丝绸之路这一名称最早见于《中国亲程旅行记》一书，该书由德国地理学家李希霍芬在 1877 年出版。

自张骞第一次出使西域后，汉王朝和西域之间就开始了正式交通，自此揭开了丝绸之路发展和兴盛的序幕。我们常说的一般意义上的丝绸之路，是指在这条道路上发生的关于丝织品的贸易，后来随着时间的推移，这条道路已不仅仅是一条贸易通道，它已成为古代中国、中亚、西亚之间，以及通过地中海连接欧洲和北非交通路线的总称。

我们也注意到在丝绸之路上分布的众多国家和民族，这条道路在变迁的同时，也见证了这些国家和民族的兴起、发展，乃至衰亡。一览世界历史发展的行政版图，你会发现与丝路有关的国家和民族数量极多，与其有关的故事，总有一些至今仍让人津津乐道。而我们在这里将要讲述的是一个与丝路有关的民族——古代藏族及其建立的高原政权——吐蕃王朝，曾在 7 世纪至 9 世纪的两百多年中，活跃于青藏高原及其临近地区，并通过丝绸之路，与周边的国家和民族进行了广泛的交流。

吐蕃王朝 7 世纪初在青藏高原兴起后，逐步统一了邻近的苏毗、羊同、党项、吐谷浑，接着将扩张的触角伸向了唐朝的陇右、河西,与唐朝在这些地域进行了激烈的争夺。755年,中原发生"安史之乱",唐朝将驻守河陇和西域的驻军调往内地平叛,吐蕃趁乱占领了这些地区,从而切断了唐朝通过河西走廊与西域之间的交通,迫使两地之间的联系和贸易只能通过河西走廊北面的回鹘汗国来进行。

吐蕃势力兴起后,为了建立和发展与西域的经济、文化联系,打通了从青藏高原东北通往陇右、河西的"吐蕃—青海道",从藏南通往泥婆罗、印度的"吐蕃—泥婆罗道",从阿里向北通向塔里木盆地的"吐蕃—于阗道",以及往西通往兴都库什山脉的"吐蕃—勃律道"。吐蕃在打通青藏高原通往外部的这些丝绸之路支线时,借助这些丝路通道,将自己的部落建制、告身制度、驿递方式、佛教文化、香料等,带到了西域乃至更远的地方;同时也把西域的文字、佛经、建筑技术、于阗玉石,中原的工艺、音乐、美术,突厥的法律制度等,带回了吐蕃。与此同时,在这些交错的丝路上,也上演着吐蕃与各民族和亲的史话,以至于今天在丝路沿线还流传着一些美丽动人的故事。从更深层次讲,这些丝路通道也是青藏高原上各民族与其他民族迁徙和融合的通道,在中国乃至世界民族发展史上具有重大的历史意义。

丝绸之路上的交流促进了吐蕃文明的发展,同时吐蕃文明通过丝绸之路传播,影响到了周边的区域,这些交流促使吐蕃文明发展到令人瞩目的高度，在世界文明史上留下那么多令人惊叹的成果。为了将吐蕃文明通过丝绸之路与中国其他地方，以及中亚、西亚等地之间的交流让世人知晓，我们特撰此书，向读者细细道来。

作者
2016年春

目 录

第一章

吐蕃崛起与经略西北

  第一节 吐蕃崛起与经略西北 / 2

  第二节 敦煌西域的吐蕃部落 / 16

  第三节 敦煌西域的吐蕃驿站 / 28

第二章

吐蕃与丝路交通

  第一节 吐蕃—青海道 / 40

  第二节 吐蕃—泥婆罗道 / 59

  第三节 吐蕃—于阗道 / 71

  第四节 吐蕃—勃律道 / 87

第三章

丝绸之路上的蕃汉文化交流

  第一节 传入吐蕃的丝绸 / 106

  第二节 传入吐蕃的科学技术 / 114

  第三节 传入汉地的吐蕃文化 / 121

第四章

吐蕃文化与内陆文明的交流

  第一节 吐蕃与于阗的文化交流 / 130

  第二节 吐蕃与突厥的文化交流 / 141

  第三节 传入吐蕃的粟特文化 / 149

  第四节 丝路石窟中的吐蕃元素 / 161

第五章

阿拉伯、波斯文献记载的吐蕃文明

  第一节 吐蕃与阿拉伯、波斯的交往 / 170

  第二节 阿拉伯、波斯文献记载的吐蕃地理交通 / 175

  第三节 阿拉伯、波斯文献记载的吐蕃气候物产 / 184

  第四节 阿拉伯、波斯文献记载的吐蕃社会 / 192

第一章

吐蕃崛起与经略西北

"吐蕃"是汉文史籍记载的7至9世纪古代藏族及其政权的名称,敦煌汉文写本作"大蕃"、"大番",古藏文写本记为Bod。《新唐书·吐蕃传》说,吐蕃为汉代"发羌"的后代,因为"蕃、发(读重音)声近",所以才有这个名称。另一种说法认为,古代藏族把经营农业为主的地方称为"蕃",后来逐渐把这一名称扩大到赞普(意即"王")控制下的一切地方,故取名为"吐蕃"。成书于17世纪的藏文史书《国王遗教》说,吐蕃人是观世音菩萨化身的父亲猕猴,与至尊度母化身的母亲罗刹女所生下的猴崽,后来演变为四个氏族:赛、穆、顿、董氏,从此吐蕃慢慢发展起来。

第一节　吐蕃崛起与经略西北

吐蕃崛起

吐蕃王朝建立之初，吐蕃的先民们活动在西藏山南的雅隆河谷，这里属于草甸地带，特别适合人类生存，河谷中的泽当、穷结一带海拔较低，土壤肥沃，动植物资源丰富，优越的自然条件养育着这里大大小小的许多部落。这些部落中，有一支名叫悉补野的部落，经过数代的生息繁衍逐渐发展起来。到他们的部落首领止贡赞普时，从象雄和勃律传来了本波教；布德贡甲时，又产生了仲和德乌教法。到茹拉杰当大臣的时候，吐蕃驯化了野牛，开垦了土地，将草滩变为田地，将河水引入水渠；还以木炭冶炼矿石，得到了金、银、铜、铁等金属。另外，吐蕃先民还在河流上架设桥梁，发明了牛轭技术，学会了犁地耦耕，并将止贡赞普的尸体运到石山上，在石山和土山连接处修建了止贡赞普和布德贡甲的陵墓。到赤聂松赞、仲年德如、达布宁塞三位赞普时，雅隆部落开始大规模地开疆拓土，将三分之二的小邦纳入吐蕃治下，本巴王、吐谷浑王、东格王、森波王、象雄王等均被征服。

南日伦赞继位后，继承了吐蕃前任赞普们没有完成的拓疆事业，并积极学习周边民族的先进文化，从北方获取了食盐，从汉地传入医书和算术，从印度传来十二缘起支和六日轮转等。南日伦赞还修建了赤孜本都城堡和托巴城，在吐蕃地面上发现了湖盐。这一时期，吐蕃出现了以六十粒青稞为重量单位的称量办法，赞普的陵墓有了装饰和祭祀一类的建筑。同时，吐蕃也开始出现了按照双方意愿进行的商业贸易，

藏王陵墓之一

并将野生动物进行人工驯养，为后来吐蕃王朝的建立奠定了经济基础。

南日伦赞去世后，他的儿子松赞干布随即登上了赞普之位，吐蕃王朝崛起的重任就落在了松赞干布的身上。冥冥之中，松赞干布似乎就是带领吐蕃人民崛起的不二人选，就连他的出生都充满了神话的色彩。藏文史书记载，当时观自在菩萨看到藏地笼罩在荒凉之中，就兴起了拯救人民的想法，但是这时人们还没有觉醒。终于有一天，观自在菩萨发现调服众人的机会已经成熟，于是就从体内同时射出四种光芒，以洗涤大地。其中从胸部射出的光投向赞普王宫，赞普和他的大臣都被此光普照，然后这些光又投到赞普王妃身上，王妃顿时周身感到前所未有的安乐与舒适，瞬间就怀孕了。当时，王宫到处都充满着吉祥的征兆，胎儿在其生命成熟时就降生了，整个王宫为他举行了隆重的欢庆宴会。因为王子具有一切功德，且胸怀深不可测，于是就将王子称为松赞干布。

松赞干布登上赞普之位时才年满十三岁，但他表现出了卓越的治国才能，吐蕃因此走上了强盛的道路。这时的吐蕃，经过了数代人的经营，土地面积不断扩大，各项制度愈加完善。松赞干布在稳定了国内的局面之后，对外陆续征服了苏毗、羊同等国，从而统一了吐蕃全境（约相当于今西藏自治区)。

完成统一事业后,松赞干布意识到一件很重要的事情,就是吐蕃没有自己的文字,雄才大略的赞普决心创造自己的文字。于是,赞普派遣众多的聪慧大臣,携带黄金,派他们前往天竺(即印度)学习文字。但这件事始终没有成效,派出去的这些人要么被险峻的地形所阻挡,要么忍受不了恶劣的地理、气候条件,因病而亡。正当松赞干布为此事发愁之时,有人说大臣吞米阿奴的儿子吞米·桑布扎,心地纯正,机敏聪慧,吃苦耐劳,何不派他去天竺呢?犹豫不定的赞普决定试一下,于是提供给吞米·桑布扎足够的黄金,让他去天竺学习文字。吞米·桑布扎不负重托,历尽艰难险阻,终于到达佛教圣地,他先跟随精通声明文字的婆罗门大师李敬学习文字,后又向天竺大师学习佛法。经过数年的努力学习,吞米·桑布扎学成后回到吐蕃,以天竺文字为基础,创制出吐蕃自己的文字——古藏文。

古藏文的出现,为佛教在吐蕃的传播提供了载体,吐蕃因此能够迎请天竺、泥婆罗(今尼泊尔)等国的诸位贤者,广译佛经。文字的出现还促进了吐蕃政治、经济、文化等方面的发展,吐蕃开始从东方的汉地及党项获得工艺和历算之书,从西方的粟特、泥婆罗打开享用食物财宝的库藏,从北

西藏山南昌珠寺（霍巍摄）

方突厥、回纥取得法律及事业的楷模。彼时，吐蕃的行政区域划分为五茹、六十一个"桂东岱"（军事千户），由政务九大臣辅助赞普管理王国事务，吐蕃逐渐建立起以赞普为中心的中央集权国家——吐蕃王朝。松赞干布还同唐朝、泥婆罗国联姻，分别迎娶唐朝的文成公主和泥婆罗的赤尊公主，吐蕃与两个国家的联姻既扩大了吐蕃的影响，同时又从东西两个方向上引进了佛教以及先进的工艺和文化。

为了更好地治理王国，松赞干布将都邑从匹播城（今西藏琼结县）迁到了逻些（今西藏拉萨市）。逻些地理位置优越，四面环山，拉萨河从中间蜿蜒穿过，形成天然的地理屏

第一章 吐蕃崛起与经略西北

障,向东可以通过青海道出征吐谷浑、白兰,向北可以借道于阗进入塔里木盆地,向西征服羊同,可以与泥婆罗、印度等南亚、中亚各国交往。

7世纪初,吐蕃开始和唐朝有了正式接触,唐太宗贞观八年(634),吐蕃首次派遣使者来到长安,太宗派行人冯德遐下书临抚;第二年十二月,吐蕃再次派遣使臣来朝,贡献珍奇异宝,和唐朝建

松赞干布(张云摄)

立友好关系。与此同时,为了寻求更大的生存发展空间,国力逐渐强盛的吐蕃王朝开始向高原外部扩张。

经略西北

由于地理条件的限制和唐朝先进的经济、文化对吐蕃的吸引,吐蕃建国之后,迅速向北、向东发展。7世纪70年代

前后，吐蕃征服了驻牧于今青海、甘肃、四川西北一带的吐谷浑、党项、白兰等族，占据了今青海省境内黄河以南、青海湖以西的广大地区。与此同时，吐蕃又进军西域，联合西突厥贵族与唐朝争夺安西四镇，并开始染指今南疆的鄯善。之后，唐蕃双方在河陇一线时战时和，长期对峙。唐玄宗天宝十四载（755），"安史之乱"爆发后，唐朝从河陇各地抽调了大批驻军东向平叛。吐蕃军队乘虚而入，到广德元年（763）前后陆续占领了唐朝陇右诸州；到贞元七年（791）又攻占了唐河西数州及四镇之一的于阗。从此，河陇地区及西域东南部相继为吐蕃所统治。从8世纪中叶吐蕃进据陇右算起，到唐宣宗大中二年（848）张议潮起事，推翻吐蕃在河陇的统治时止，吐蕃统治这一地区近百年之久。

陇右道

陇右、河西，初唐时归陇右道管辖。到唐睿宗景云二年（711），因政治和军事上的需要，从陇右道中分出黄河以西为河西道，分治后的陇右道，领秦、原、河、渭、兰、鄯、武、成、洮、岷、临、廓、叠、宕十四州。

7世纪后半叶始，吐蕃开始进攻陇右诸州。当时的形势是：经过高宗显庆三年（658）至咸亨四年（673）的数次战争，吐蕃攻破了吐谷浑及诸羌后，占有其地，开始与唐朝陇右诸州接境。之后，吐蕃开始了对唐朝长达数年的进攻。高宗上元三年（676）三月至八月，吐蕃进攻唐鄯、廓、河、芳、叠五州，高宗敕左监门卫中郎将令狐智通发兴州、凤州等州兵马抵御。第二年五月，吐蕃对唐扶州临河镇发起了进攻。仪凤三年（678），唐中书令李敬玄等在青海败于吐蕃。永淳元年（682），吐蕃赞婆等进攻鄯州的河源军，河源军使娄师德率军在白水涧击败吐蕃军队。过了两年，吐蕃再次进攻河源军。

数年争战，唐、蕃双方士兵都感到身心疲惫，两地的百姓也为长期承担战争赋役叫苦不迭。在这一背景的推动下，吐蕃多次遣使入唐请求和亲，唐中宗在权衡利弊后，以雍王李守礼的女儿为金城公主，嫁给吐蕃赤德祖赞为妻。中宗顾念公主年幼，特别赏赐公主锦缯数万匹，还有杂技乐工随从若干，并派左卫大将军杨矩护送金城公主入蕃。之后，唐睿宗为了与吐蕃建立长久的和好关系，还把河西九曲作为金城公主的汤沐之所，割让给吐蕃。河西九曲之地，水草丰美，非常适合畜牧，并且和唐朝的辖区接近，吐蕃得到河西九曲之地，就取得了战略地位上的优势。

开元二年（714），吐蕃与唐会勘边界无果，吐蕃宰相坌达延率军十万进攻唐临洮军,后又攻兰州、渭州,唐遣左羽林将军陇右防御使薛讷,率副将杜宾客、郭知运、王晙、安思顺等抵御吐蕃军队。面对吐蕃军队的进扰,唐军调整了在陇右的军事部署,在鄯州设置了陇右节度使,下辖河源军、积石军、临洮军、白水军、安人军、莫门军等十军,绥和守捉、平夷守捉、合川守捉三个守捉。

陇右防务能力得到增强后,唐军对吐蕃进行了反击,王知运于开元五年(717)破吐蕃于九曲。开元十五年(727),凉州都督王君㚟在青海西击破吐蕃,十六年,鄯州都督张志亮和吐蕃在青海西再次发生激战,最后攻破吐蕃大莫门城,焚烧橐它桥。开元十七年(729),朔方大总管信安王李祎率军奔赴陇西,拔掉了吐蕃先前占领的石堡城。开元二十五年(737),吐蕃大举进攻河西,但被河西节度使崔希逸击退。面对唐军的不断反击,吐蕃也不示弱,开元二十七年(739),进攻唐鄯州白水、安人军;两年后,集四十万军队攻唐承风堡、河源军,因唐节度使盖嘉运抵御不力,石堡城被攻破。挟胜利之威,吐蕃又奔袭廓州,攻占了唐的达化县。之后,一直到"安史之乱"以前,唐、蕃双方在陇右道的交战一直呈现拉锯状态。

吐蕃完全占领陇右各州,还是"安史之乱"之后的事。

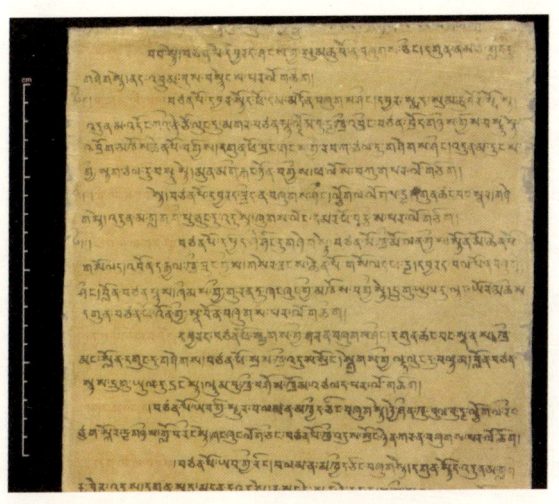

《敦煌本吐蕃历史文书》（引自国际敦煌学项目网站）

当时，唐朝为了对付中原方面的叛军，从河、陇抽调了大批驻军。吐蕃军队乘虚而入，755年陷唐洮州城堡，后攻占河曲要塞石堡城，至德二年（757）陷鄯州，上元元年（760）陷廓州，宝应元年（762）陷临洮，取秦州、成州、渭州。次年，入大震关，取兰州、河州、洮州等，至此，陇右之地尽被吐蕃占领。

河西道

唐睿宗景云二年（711），唐朝分陇右道黄河以西为河西道，设立河西节度使，总领河西地区的防务。分治后的河西道，领凉、甘、肃、瓜、沙、伊、西七州。

吐蕃对河西诸州的进攻也是很早的，高宗咸亨三年（672）吐蕃曾进攻凉州，仪凤二年（677）吐蕃再次进攻凉州。武后万岁通天元年（696），吐蕃与突厥约定一同出兵，一攻洮州，一攻凉州。洮州方面，唐将王孝杰、娄师德与吐蕃将领论钦陵、赞婆交战于素罗汗山，吐蕃获胜；而凉州方面，同样是唐军失利，凉州都督许钦明被吐蕃所杀。久视元年（700），吐蕃对凉州发动新一轮攻势，凉州都督唐休璟从容应战，击退了吐蕃。

开元十四年（726），吐蕃大将军悉诺罗率兵进攻大斗拔谷，后进攻甘州，焚烧甘州城里。唐军将领王君㚟和秦州都督张景顺等率兵抵抗。次年，悉诺罗和烛龙莽布支率军攻陷唐瓜州城，俘获唐瓜州刺史田元献和王君㚟的父亲王寿，尽取瓜州城中的粮食和军资，毁城后离去。其后吐蕃又进攻玉门军，围常乐县，县令贾师顺固守城池。开元十六年（728），吐蕃大将悉末朗又率军进攻瓜州，瓜州刺史张守珪率兵击败吐蕃军。

唐、蕃在河西地区的这种长期拉锯战，让双方都感到疲惫，于是吐蕃多次遣使请和，而玄宗谋臣皇甫惟明也"面陈通和之便"，经过一番酝酿，开元二十二年（734），唐、蕃会盟于赤岭，并正式分界立碑。但之后不久的开元二十六年（738）三月，吐蕃就发兵进攻唐河西地区，玄宗诏王忠嗣奔赴河西，配合崔希逸一起讨击吐蕃。"安史之乱"后，吐蕃乘唐朝驻军力量减少，不断推进，先攻占陇右各州，后进占河西诸州。大致的时间顺序是，广德二年（764）攻占凉州，永泰二年（766）占领甘州、肃州。再经过十年，于大历十一年（776）攻占瓜州，贞元二年（786）陷沙州，贞元七年（791）陷西州。至此，河西七州尽为吐蕃所占有。

安西大都护府

吐蕃进入西域始于唐高宗龙朔元年（661）。当时，已经归属唐朝的西突厥首领阿史那弥射可汗和阿史那步真可汗相继去世，西突厥部落"十姓无主"，部落分立，吐蕃乘机进入西域。

高宗龙朔二年（662），旭海道总管苏海政受诏讨伐龟兹及疏勒，当退军到疏勒南边时，西突厥弓月部"引吐蕃之众，来拒官军"；麟德二年（665），弓月、疏勒等又和吐蕃联兵攻打于阗，西州都督崔知辨、左武卫将军曹继叔率兵援救于阗。咸亨元年（670），吐蕃攻陷西域羁縻十八州，并率于阗取龟兹拨换城。在吐蕃军队的进攻下，唐朝被迫放弃了龟兹、疏勒、于阗、碎叶四镇，将安西都护府撤回了西州。之后，唐朝联合西域诸国进行反击，吐蕃在西域的攻势有所减弱。到仪凤二年（677），吐蕃又联合西突厥阿史那都支进攻安西。

　　武则天垂拱年间（685—688），吐蕃平定内乱后，加强了对西域的进攻。因为吐蕃的进攻，唐朝再次放弃了安西四镇。武后长寿元年（692），唐朝趁吐蕃统治集团内部发生分裂之机，收复了四镇，打击了吐蕃在西域的势力。此后，唐军加强了在西域各地的戍卫，吐蕃未能再轻易地攻取四镇。延载元年（694），吐蕃联合西突厥阿史那俀子进攻唐朝在西域的驻军据点，王孝杰率领唐军进行镇守，吐蕃在战争中失利。

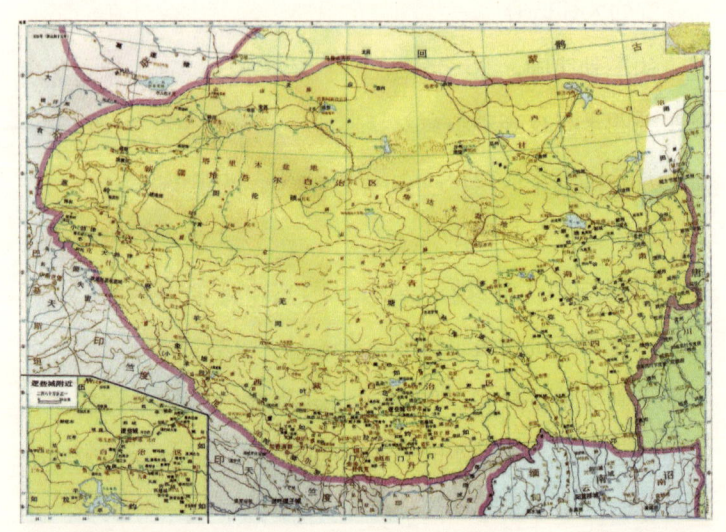

唐代吐蕃疆域最盛图（谭其骧主编：《中国历史地图集》五，中国地图出版社1982年第1版）

8世纪初，在吐蕃专权的噶氏家族被铲除后，面对内外交困的局面，吐蕃力图通过战争手段迫使唐朝请和，于是派兵攻占鄯善。之后因为金城公主入蕃，双方暂时恢复了安定的局面，双方使臣来往不断。但好景不长，战事再起，开元三年（715）吐蕃联合大食立阿了达为王，发兵攻打拔汗那王，唐将张孝嵩发兵一万多人支援拔汗那。阿了达抵挡不住唐军的进攻，率少数残兵逃到山谷中。两年后，吐蕃和突骑施、大食又意图谋取唐四镇，围拔换城及大石城。唐安西副大都护汤嘉惠和阿史那献率葛逻禄、突骑施等，将其击败。开元十年（722），为打通通往四镇的道路，吐蕃围攻处在战略要地上的小勃律国，北庭节度使张孝崇派遣疏勒副使张思礼率领步骑四千昼夜奔驰救援，与小勃律军队左右夹攻，大破吐蕃。开元十五年（727），吐蕃和突骑施合兵围攻唐安西，被安西都护赵颐贞击退。

"安史之乱"爆发后，唐朝抽调河、陇及西域的驻军东向赴援，吐蕃乘机攻占了唐河、陇诸州。这期间，吐蕃还不断攻扰于阗等地，最终在攻占了北庭、西州（790—791）后，攻占了于阗。于阗以西的小勃律等国，也为吐蕃所征服。至此，吐蕃占领了从鄯善到于阗以至小勃律等地，也就是今天新疆南部到克什米尔一线。

第二节　敦煌西域的吐蕃部落

7世纪中叶起,吐蕃征服了今甘青川一带的吐谷浑、党项、白兰等族,随后继续征伐,对唐朝所辖的河陇及西域进行了长达近一个世纪的攻略。"安史之乱"爆发后,吐蕃趁着唐朝内乱之机,相继占领了陇右、河西诸州和于阗。其后,吐蕃在这些地区开始驻屯部落,并在敦煌等地逐渐建立起了一套较为完备的部落制度。

凉州吐蕃、吐谷浑部落

敦煌藏文卷子 P.T.1089 号文书记载了吐蕃 mkhar tsan 节度衙的情况。这个节度衙下辖吐蕃、苏毗、吐谷浑和通颊等几个千户。其中,吐蕃人、苏毗人的地位较高,吐谷浑、通颊人地位次之。约在9世纪20年代,这个节度衙内部因为官位之争产生各族官吏之间的纠纷,对此吐蕃当局曾进行了调整。

第一章 吐蕃崛起与经略西北

匈牙利藏学家乌瑞认为 mkhar tsan 节度衙的位置在凉州（今甘肃武威），日本学者山口瑞凤认为，节度衙的驻地在唐朝安乐州（今宁夏中卫）。其实 mkhar tsan 这一词应是凉州古称"姑臧"的对音，吐蕃 mkhar tsan 节度衙驻于凉州的观点是正确的。节度衙的首领（相当于茹长）就是吐蕃凉州节度使。敦煌藏文卷子 P.T.1089 号文书记载的吐蕃凉州节度使及其辖下的官吏名称和大致顺序是：

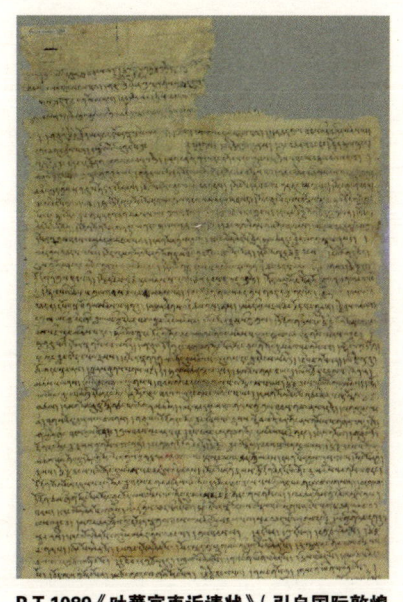

P.T.1089《吐蕃官吏诉请状》（引自国际敦煌学项目网站）

  茹长、万户长、大守备长、节儿（黄铜告身）、大营田官、大城塞长、上下部牧地大管理长、茹都护亲任官等、中守备长、副茹长、小守备长、大收税官、机密大书记、事务总长、大司法长、吐蕃和苏毗千户长、通颊与吐谷浑千户长、节儿（红铜告身)、机密使者、机密中书记、机密小书记、吐蕃与苏毗小千户长、汉—突厥语通译、遗弃地区将军、红铜告身官吏、事务都护、通颊与吐谷浑小千户长、大虎皮肩饰章者(及无官职红铜告身者)、机密(情报)收集与传递官、牧地管理都护、畜户大管理官、小虎皮肩饰章者、副牧地管理长、机密书记小官、南山部落将校、畜产小管理官、法(佛教)事务官、配达官。

由上面材料可见,吐蕃凉州节度使统领的千户大约有四个:吐蕃、苏毗、吐谷浑、通颊各一个,这和吐蕃本土一个茹分左、右翼,设两茹长,茹长通常领四个千户的情形基本相同。所以,吐蕃凉州节度使辖下的官吏组成情况同时也反映了吐蕃茹—千户制的职官的基本情况。在吐蕃的茹—千户制度中,最核心的官吏是:茹长、节儿、千户长、小千户长。茹长即节度使,千户长、小千户(百户)长是亚洲内陆游牧民族常见的官名,节儿是吐蕃为管理所征服的河西各城镇而设置的,相当于唐朝州一级的官吏。

沙州汉人部落

唐朝地方行政区划分为道（府）、州、县三级，县以下有乡、里建置。敦煌在吐蕃占领以前，属于唐朝沙州都督府管辖，为县一级政权单位。唐贞元二年（786），吐蕃攻占敦煌，废掉了当地原有的13个乡，而代之以部落制。通过对敦煌文书S.3287《子年百姓氾履倩等户籍手实牒》、P.3774《丑年十二月僧龙藏牒》的研究，学者认为吐蕃在敦煌建置部落的时间是在贞元六年（790）。敦煌汉、藏文卷子中出现的汉人部落名称有：

僧尼部落。S.2729《辰年（788）三月僧尼部落米净辨牒》，内容为报告沙州龙兴寺、大云寺、莲台寺、灵图寺等僧尼310人的名册，其中有"辰年三月某日僧尼部落米净牒"字样。可见，吐蕃统治敦煌之初，把寺院僧侣也编入部落，以便管理。

行人部落。S.1864《维摩诘所说经》共三卷，其中一卷写本末有"沙州行人部落百姓张玄逸写"等字样。藤枝晃认为此卷虽然内容不多，尚不能反映出行人部落的任何实态，但它却说明这一部落设在沙州，可能写于794年。又，S.1475V7《酉年（817？）十一月张七奴便麦契》也记有"行人部落"之名。

丝绵部落。敦煌汉文卷子中出现的"丝绵部落",藏文对音是 dar pavi sde,藤枝晃认为这是一个生产绢布的群体,山口瑞凤将其与吐蕃西界象雄(zhang zhung)地方的达堡部落(vdar pa zer bavi sde)联系起来。山口瑞凤说,这是一个与吐蕃王族的祖先有密切关系的族名,由于在象雄的上部、下部千户名称中都找不到这个名字,因而,很有可能这一部落的人到了敦煌,以他们为核心组建的部落就被称为"丝绵部落"。它在敦煌出现的时间,据 P.3613《申年正月令狐子余牒》,最早可以追溯到 804 年。

上部落·下部落。S.1475V 为吐蕃时期的《便粟契》,其中就有这两个部落的名称,契约的大部分内容是从灵图寺和尚海清手中借出谷物的字据,其中,包含一件上部落百姓安环清将其所持地卖给同一部落百姓武国子的文书。该地所在位置"宜秋十里西支","宜秋"是灌溉渠名,源于沙州西南而流经沙州城之西,据此可以推知上部落的驻地距离该渠不远。关于下部落,S.3287 户籍手实牒有一段文字说:"男,住住,娶下部落王海之女十二",这件手实写成于 808 年。

撩笼部落。S.542《戌年六月诸寺丁仕车牛役簿》有"撩笼部落使",具体内容说龙兴寺有四乘车,某日为撩笼部落使拉麦草两次。池田温考订"戌年"为818年(戊戌),说明该部落在敦煌出现或存在的时间是9世纪初期。

阿骨萨部落。S.1475V 12—13《某年(830年前后)阿骨萨部落百姓赵卿卿便麦契》说,某年"叁月二十七日,阿骨萨部落百姓赵卿卿,为无种子,今于灵图寺佛账家物内,便麦两汉硕。其麦自限至秋八月内送纳寺仓足"。又,同卷V16《卯年四月翟米老便麦契》中,也有"阿骨萨部落"字样,有学者考订"卯年"为823年(癸卯)。P.3422V《卯年武光子便麦契》、P.3730V4《未年吴琼岳龙华子便粟契》、S.?《卯年康再荣建宅文》等文书中,都载有"曷骨萨"、"纥骨萨"等部落名,这些文书的时间分别为823、839、847年。

悉董萨部落。P.4686《吐蕃子年(832)二月二十叁日孙清便粟契》说,"子年二月二十叁日,悉董萨部落百姓孙清,为无粮用,今于永寿寺便佛物粟汉斗叁硕。其粟请限至秋八月末送纳"。此外,S.6829《卯年张和和便麦契》有"悉董萨"部落名,北图咸59、P.2502上有"思董萨"、"悉东萨"等,只是其年代不可考。除以上所见的部落名,不能考订其年份的还有"中元部落"(S.1292),若把上述有年代可考的部落排列起来,便可以得到以下顺序:

中元部落	（公元）？年
僧尼部落	（公元）788年
行人部落	（公元）794、817年
丝绵部落	（公元）804、808、821年
上部落	（公元）？年
下部落	（公元）808、817年
撩笼部落	（公元）818年
阿骨萨部落	（公元）823、839、847年
悉董萨部落	（公元）832年

不难发现，820年前后，敦煌的部落名称有一个大的变化。在此之前，部落的名称较多，呈现出阶层（僧尼）、行业（行人、丝绵）、方位（上、下）等特点；以后出现的部落名称减少，出现阿（曷、纥）骨萨和悉（思）董萨，他们在藏文卷子中分别写作 rgod sar、stong sar，直译为"新武士（东岱）"、"新东（岱）"，带有军事千户的含意。

从以上记载来看，吐蕃凉州节度使所领千户的情况，沙州方面汉人部落的设置、名称、职能较为清楚，但对于吐蕃千户的记载，却十分零碎。其中有一个被称作"擘三"或"致三"的部落引起我们的注意。敦煌文书 S.5812《令狐大娘为田宅纠葛状》中有"致三部落了监军"，文书中涉及的年代为796年。斯坦因敦煌汉文写本 S.3287《子年百姓氾履倩等户籍手实牒》中有"擘三部落",藤枝晃在《敦煌僧尼籍》一文中认为此文书中的"擘三部落"相当于《造寺功德记》中的 phyug tshovms gyi sde。他推测这是一个驻扎在瓜州城外的部落,部落成员应当是汉人,因为 S.3287 号文书的户口中的户主都是汉人。

山口瑞凤在《敦煌讲座·吐蕃支配时代》一文中,将汉文文书中的"擘三部落"与藏文文书中的 phyug tshams 千户相对应,推测它就是吐蕃本土伍茹的 phyug tshams 千户。山口氏认为,擘三千户是吐蕃在攻占敦煌后,驻留在当地的一个千户。约在790年,敦煌汉人的居地被分为左右两部分,均置于擘三千户的统治之下,如此汉人的区划组织也跟着被称为"擘三部落",因分为左右而被称为上、下部落。

"擘三部落"还出现在敦煌藏文卷子997号文书《榆林寺庙产牒》中。文书在开头说:鼠年春,瓜州地面寺产大总管古日赉卜登与谢卜悉斯的书吏王悉诺罗,与榆林寺总管擘三(phyug mtshams)部落的赞拉囊长官,为榆林寺寺户、财物、牲畜、粮食、青稞、大米、物品等登记造册,参与者有住持沙门乔吉旺布、寺院长老、军官、观察使论藏热、尚赉心藏、论绮立涘节诸人，登录的寺庙财产为僧统所公有。这里提到的瓜州榆林寺总管赞拉囊长官，名字之前有 phyug mtshams 的字样，说明他是来自这个千户的。榆林寺在安西的南面，距离敦煌不远，总管由 phyug mtshams 千户的赞拉囊担任，反映了这个千户曾经驻扎于瓜、沙之间的史实。

西域吐蕃部落

吐蕃曾把本土的军事区划分为五茹，分别为：伍茹、叶茹、茹拉、约茹、苏毗茹，每一茹统率约十个千户。在吐蕃进攻河陇及西域等地的过程中，这些千户纷纷离开驻地，奔赴前线作战，战事过程中或结束后，他们就驻屯在各占领区。

今天我们是怎么知道发生在一千多年前的这些情况的呢？这还得归功于南疆麻扎塔格和米兰遗址出土的古藏文写本及木简，在这些写本和木简中，可以看到一些吐蕃千户的名称，表明在吐蕃攻占河陇等地的过程中，这些千户或其中的一批成员曾进入于阗、鄯善地区，下面这张表是这些千户的名称以及原先所属的"茹—东岱"的建制：

进入于阗、鄯善的吐蕃千户名称统计表

茹名及地望	进入于阗的千户	进入鄯善的千户
伍茹 （吐蕃中部）	章村（vbrang tsams） 畿堆（skyi stod） 叶若布（yel rab）	岛岱（dor te） 局巴（zom） 支村（vbri cher）
叶茹 （吐蕃西部）	辗克尔（nyen mkhar） 朗迷（lang myi） 帕噶尔（phod dkar） 象（shang）	朗迷（lang myi） 松岱（vdzom stod）
茹拉 （吐蕃与羊同之间）	芒噶（mang kar） 赤森木（khri pha-ms） 岗呈木（gang phram） 赤塘（khri vthang） 娘若（myang ro）	
约茹 （吐蕃东部）	达布（davgs po） 洛札（lho brag） 聂（dmyal）	
羊同 （吐蕃与突厥、苏毗之间）	计藏（spyi gt-sang） 雅藏（yar gtsang）	恰拉（cha sla）
苏毗茹 （吐蕃与唐朝之间，包括通颊在内）		那雪（nag shod） 上下郭仓（rgod tshang） 七屯（rtse mthon） 喀若（kha dro）

从表中可以看出，在米兰、麻扎塔格出土的文书中出现了十余个吐蕃千户的名称，分别属于伍茹、叶茹、约茹、茹拉和苏毗茹。当然并不是说在吐蕃统治时期，鄯善和于阗地方一下子就进驻了这么多的吐蕃千户，实际上这些千户只是

米兰出土古藏文简牍（引自国际敦煌学项目网站）

先后驻守过鄯善和于阗，或者是来自这些千户的吐蕃人曾经到过该地区。吐蕃攻占河陇等地之后，要统治的地域很广，战线拉得很长，人力显然不够，自然不会以五茹中的15个千户全部用于南疆的戍守。如果我们认为这些千户或其中的成员轮流驻守过该地，倒是可能的。

翻阅上述出土的文书，你还会发现记载这些千户名称的藏文写本和简牍，多是以"某部落某人何事"的格式出现的，如"洛札部落的罗布尔启请"、"辗噶尔部落的阔阿木拉列，担任小节儿总管职务后去军中"等，考虑到麻扎塔格出土的文书中，至今还没有见到有万户长、千户长及小千户长的记载，我们有理由认为吐蕃驻守于阗的完整千户并不多，一些人员可能是从邻近地区的千户中抽调去的。总的来说，在河陇等地中，吐蕃攻占于阗较晚，在人力缺乏的情况下，采取轮流抽调一些千户或这些千户中的部分人员驻守于阗，是存在这种可能的。

综上所述，在8至9世纪中叶，在吐蕃统治的河陇地区以及在西域的鄯善、于阗两地，确实驻扎过某些来自吐蕃本土的千户。上面所列举的仅鄯善、于阗两地出土的古藏文写本和木简上见到的吐蕃千户名称就有 27 个，它们分别属于吐蕃本土五个茹及羊同，接近全部吐蕃 61 个千户的二分之一。吐蕃在攻掠和统治河陇及鄯善、于阗等地区时，确实曾经从本土的各个茹中抽调千户，开赴这些地区，他们的任务除了屯守、作战以外，也间接起到了维护地方社会稳定、保障道路畅通的作用。

第三节　敦煌西域的吐蕃驿站

驿传制度

吐蕃王朝建立后,为了配合国内统治和对外扩张的需要,逐步建立起一套独具特色的驿传制度。追溯起来,吐蕃的这一制度可以早到开元二十六年(733)之前,当时唐朝和吐蕃和谈后,"吐蕃又请交马于赤岭,互市于甘松岭","交马"就是换马的意思。长庆年间的唐蕃会盟碑更加明确了吐蕃的这一制度,碑铭说:"需要驿传时,驿站之间传递文书的人员你来我往,沿着以前的驿路传递,唐朝和吐蕃之间驿传换马的地方在将军谷、绥戎栅以东,马匹由唐朝供应,清水县以西,马匹由吐蕃供应。"

吐蕃存在驿传制度这个事实,虽然目前还无法弄清楚这一制度在吐蕃最早产生的时间,但是这不影响我们探讨吐蕃的驿传制度的特点。《册府元龟》说,吐蕃行军作战期间,以长七寸的金箭为凭证，每一百里设置一个驿站供驿传的人换马和休息。吐蕃的公文信札一般分急件、平件等，遇到紧急信件，传驿人就在胸前加银鹘，以此来表示信件的紧急程度，银鹘的数量越多，表示信件越紧急。有些信件除了用银鹘表示紧急程度之外，还在信件上写有"快"字，用来表示这是需要紧急递送的。

根据敦煌、西域出土的吐蕃文书记载，吐蕃驿传的程序是这样的：吐蕃宫廷的政令由相当于唐廷的给事中的敕命递送大臣下达，再由传送王命、诏敕的使者送往目的地。然后由机密书吏、机密收集官、机密小吏等，依次公布下达的政令。同时，他们也将搜集到的军政要闻以同样的途径送予给事中，由其带回吐蕃王廷。

这些自上而下或是自下而上的政令、文书、军政要闻等，究竟是由什么人传递的呢？P.T.1085号文书为我们提供了相关信息。这件文书上盖有飞鸟展翅的红色藏文方印，传递这种盖有展翅飞鸟状的印玺文书的人有一个专门的称呼，被称作"飞鸟使"，而一般的信使被称为"驿骑"、"急使"、

吐蕃飞鸟使印（引自国际敦煌学项目网站）

"急脚"、"行人"等。

信使是怎样传递信件等东西的呢？吐蕃王廷规定，信使在传递文书途中，由途经的驿站提供给口粮和住宿的地方。一份蛇年冬十月十九日由吐蕃文江岛官盖印发往瓜州节度衙的文书，就提到了驿站给驿传人员的配给情况。如在行经牧区时，贝玛驿站以东要供应一合面粉，一两酥油；在经过农区时，麦秀驿站以东要供应四掬面粉，一两酥油。驿站提供给驿传人员的这些物资，主要由驿站所在地的驿户供应。在沿途不适合设置驿站的路段，信使通常要自己携带口粮，解决沿途的生活所需。当然信使自带口粮是有补偿的，吐蕃王廷规定他们可以领受"信使田"，以此来维持生计。

谈到文书的传递，还必须提到一个特别重要的载体，就是供信使骑坐的马匹。信使乘坐的马基本要靠从民间征调，有些甚至是信使自己家的马匹。吐蕃政权规定，民户饲养的马匹轮流供信使使用，完成任务之后，再将马匹归还。P.T.1096《亡失马匹纠纷之诉状》提道，龙年秋季九月间，传递文书的象孔木绮骑着沙州亨子的马，去巴尔高驿站。在送完信后回来将马交给驿站的牧马人时，由于牧马人的疏忽，马被盗走，象孔木绮已无法将马交还给原主，马的主人亨子就向官府告状，说驿站官员将自己的马匹抢走，放在驿站，故意托词丢失,实际上是不想归还。

　　出现上面这种纠纷的话,吐蕃官员要做出认定,如果确实是造成马匹等死亡或是丢失的,驿站要承担民户的损失。新疆米兰出土的 viii,92 号木简提供了这方面的一些信息,说一头孕驴折银四两,一头公驴折银三两,一头小驴折银二两,雇佣费从出勤之日算起,每天粮一升,如果不付粮,也可折作应征户的户差。姜孜出的公牛和驴子已死,赔偿价格如上,应支付雇工费粮半驮。可见,吐蕃为了保证敦煌西域的驿路畅通无阻,尽可能要保障民户的一些合法权益,但是到了吐蕃后期,由于政权不稳、战争频繁等各种原因,这种情况发生了改变,一些驿户因无法承受驿传带来的沉重负担,不惜以发动叛乱来表示对这种驿传制度的不满。

　　吐蕃在驿传方面还有其他一些规定。首先,鉴于驿传文书的重要性,为了保障文书传递的高效、安全、快捷,要求所有加急信件需要传递人妥善保管,一些重要文书有时还专门派骑士护送。其次,驿站管理人员必须谨慎、认真,配合信使完成传递工作。不论白天还是晚上,当驿递文书到达或是离开时,驿吏都要加盖公章为证。最后,信使必须沿着指定路线,按照路程的远近、文书的重要程度等因素,安排是否需要昼夜兼程。一份由文江岛官盖印发往瓜州节度衙的文书规定，夜间要经过五个驿站，白天经过四个驿站，一天行驶九个驿站按时到达瓜州。另一件从于阗驿站送往神山的信件，要求一天一夜经过五个驿站，按时送达。重要的文书在传递途中，因为传递人或是驿站人员的过错，致使文书枉道、稽延的，传递人、驿站驿丞、书吏等都会受到处罚。

吐蕃的驿站在规模上存在大小之分，大的驿站多设置在主要干道旁，里面除了驿丞之外，还有伙夫等。大的驿站还设置有驿馆，供来往使臣、行人居住，如位于唐蕃古道上的勃令驿有鸿胪馆。唐长庆元年（821），出使吐蕃的刘元鼎曾"至糜谷，就馆"。而小的驿站多位于一些不太重要的地方，或是比较偏僻的地方，因为驿传文书较少，这类驿站的人员配置比较简单，有时甚至由戍守边地的人员兼任。新疆出土的khad.052号吐蕃文文书中，就提到吐蕃一个小驿站的情况，说在一次春季考核中，一个驿站的于阗仆役犯了罪，决定在军中将其处死，驿站的驿丞等三人出钱为其赎罪。这个驿站的人员不多，总共才四个人，正因为人数少，感情比较好，所以才凑钱为自己的兄弟赎罪。

驿递人员

吐蕃负责驿传信件等物品的人被称为"驿骑"、"飞鸟使"，不过这些"驿骑"只是吐蕃驿站中的部分成员，吐蕃还有管理驿传的官员，就是负责驿站运行的驿吏。这些驿吏又分为驿丞、书吏、僚属等，其中接待使者的任务主要由驿吏来承担。其实驿吏的任务并不只限于接待使者，他们还要在各自管理的区域内行巡视之责，每日要察看驻地、马嘶和敌人的踪迹，特别是在晚上还要巡逻，防范突发的情况。如若在巡视中发现情况，驿吏要及时向上级报告。从这点来看，吐蕃驿站的驿吏和守边斥候有某些相似之处，况且一些驿站的成员本身就由斥候组成。在有些情况下，斥候还要担负传递信件的使命。吐蕃驿吏和斥候在职能上的这种交叉，只存在于边境地区，其他区域很少见到。

在吐蕃驿传系统中，还有一种和驿传有关的职位被称为笼官，笼官负责驿传和军需供应，它是吐蕃时期因驿传、军需供应的需要，在各征服地区设置的一种武官，吐蕃文书中就曾提到笼官马定德"常乘驿计议，诸将禀其成算"。

除了上述这些驿传官员，在 P.T.1089 号文书中还提到，在管理一城之官的吐蕃节儿之上有机密大书吏，在节儿之下有机密使者、机密中书吏、机密小书吏、机密收集官、传达官等，这些官吏都可以看作是与吐蕃驿传有关系的人员。另外，在著名的《唐蕃会盟碑》上出现的吐蕃"敕命递送大臣",也可以被纳入到吐蕃驿传的官吏系统中,是该体系的最高官吏,相当于一国的交通部长。节儿之下的"机密使者"及中、小"机密书吏"等,就属于吐蕃敕命递送大臣统辖,当发生紧急情况,该大臣就将传达王命的"令书"交给机密使者,再由"早马使"(bang chen),将这些政令文书送往目的地。

"早马使"也被称为"使者",这些使者按使命来划分,有信使、传令使、外交使等,其中传令使可能就是汉文典籍中说的"飞鸟使",这些"早马使"都是部落的成员,上面提到吐蕃"行人部落",一些人就是"早马使"成员。

吐蕃的驿站中除了驿吏之外,还有驿站长、伙夫、伙夫的仆役、牧马人、信使田的耕种者等。《吐蕃简牍综录》第49条提到:"桑倭儿部落驿站长官年几胡",第296条记有"鲁则泉之驿吏藏白梅,炊事人庐白布"。从简牍的记载来看,驿站中的成员来自于他们所在的部落,甚至有些驿站就设在部落之中,这些部落便被称为"行人部落"。

通常来说,吐蕃在西域较小的驿站一般由四个人组成,即驿站长、驿吏、僚属、伙夫,有的还有伙夫的仆役。较大的驿站中人员就比较多一些,有驿丞、书吏、僚属、伙夫、伙夫的仆役、牧马人、信使田的耕种者等。

第一章　吐蕃崛起与经略西北

驿站分布

吐蕃到西域的驿路大致有这么几条。其一，从逻些出发，沿着唐蕃古道到青海湖附近，再沿古青海路由伏埃城（今青海共和县铁卜卡古城）经白兰（今青海都兰、巴隆一带）向西到今格尔木，再西北经尕斯库勒湖，越过阿尔金山到南疆的若羌；或者经白兰的西北到今大、小柴旦，然后到敦煌，从此路也可以到达若羌地区。其二，从逻些到羊同，从羊同到于阗，再从于阗到若羌或敦煌。

除了上述这两条路线，吐蕃还可以经过唐蕃古道的西段

麻扎塔格吐蕃戍堡（引自国际敦煌学项目网站）

到达河西走廊，然后到达西域。这条路线看似路途遥远，但作为当时的官道，无疑是一条较好的通行选择。《新唐书·地理志》的"鄯城"条，对这条路线的部分路段做了详细的记载：从青海翻越赤岭进入吐蕃地界，这里立有开元年间吐蕃与唐的分界碑；继续西行从振武经过尉迟川、苦拔海、王孝杰米栅，行九十里到达莫离驿；又经过公主佛堂、大非川，二百八十里到那录驿，这里是吐蕃和吐谷浑交界的地方；中途经过若干驿站，最后经过吐蕃垦田，行二百六十里到卒歌驿；渡过藏河，经过佛堂，走一百八十里到勃令驿鸿胪馆。这里提到的吐蕃驿站总共有十四个，分别是：莫离驿、那录驿、众龙驿、列驿、婆驿、悉诺罗驿、鹘莽驿、野马驿、合川驿、蛤不烂驿、突录济驿、农歌驿、卒歌驿、勃令驿。穆宗长庆年间，作为长庆会盟的唐朝使臣刘元鼎，沿着河曲之地返回凉州时，经过吐蕃东道元帅的驻地大夏，吐蕃东道元帅尚塔藏就在河滨的馆驿接待了刘元鼎。

  吐蕃在西域驿站的设置有一个从少到多的过程，随着吐蕃势力的扩张和对这一地区统治的加强，驿站逐步完善。从吐蕃到于阗，有一条从吐蕃本土出发，向北穿越克利雅山口，最后到达位于今和田城北185公里的神山（麻扎塔格）堡的道路。麻扎塔格出土的c,ii,0040号木简写道：从于阗人户统计之地送往神山的信件已经发出,一昼夜要行进五段,信件十分紧急重要,应立刻送去。如果信件没有及时送到,或因迷路有何差错,将按法律惩治送信人。麻扎塔格 c,iii,0025 号木简也提道:送给来自帕班(par-ban)和突厥州(dru-gu vjor)的士兵。让其将此文书送往神山,绝不可丢失;一定要小心和避免延误。不分昼夜,火速送到。若有过失,给予惩处。这种从神山发出或是从其他地方发往神山的文书,在麻扎塔格曾大量出土,说明神山是吐蕃统治西域时的一个重要军事据点,而且在从神山通往吐蕃本土的道路上,设置有一连串的驿站,应是可信的。

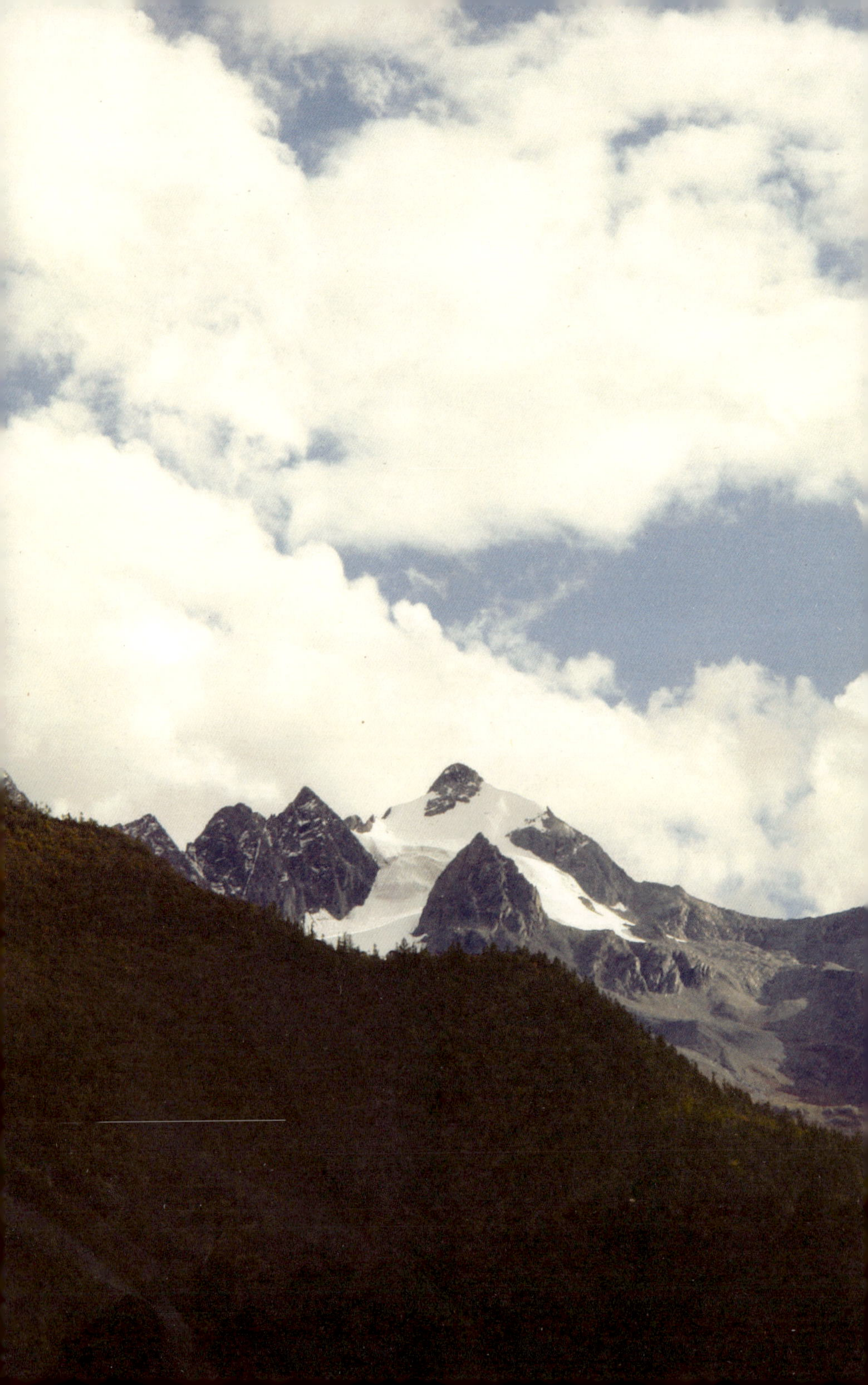

第二章

吐蕃与丝路交通

青藏高原地理位置特殊，四周高山环绕，河流纵横，为了与外部世界交往，吐蕃在青藏高原上开辟出数条与外部交往的道路。第一条是从逻些出发，经过藏北高原、青海通往长安（今陕西西安）的东线，这就是著名的"唐蕃古道"，其西段又称"青海道"；第二条是经过藏北的苏毗通往西域，也可抵达河西走廊的北线，其中包括"吐谷浑道"；第三条是经羊同通往西域的"勃律道"和"于阗道"；第四条是从逻些往西南通向天竺的"泥婆罗道"。

第一节　吐蕃—青海道

吐蕃和青海的交通主要是沿着唐蕃古道的西段进行的，又称为"青海道"。唐蕃古道东起唐朝京城长安，西到吐蕃国都逻些，余脉继续向西延伸到泥婆罗、印度，通常学术界把余脉命名为"泥婆罗道"。其中，又可将长安至鄯州（唐时又称西平郡，治今青海乐都）鄯城县（今青海西宁）的路线称为东段，而把由鄯城到逻些及以西的路段称为西段。

成书于7世纪中叶，由道宣撰写的《释迦方志》，对唐蕃古道的西段有这样的叙述：从河州（今甘肃临夏）往西北，渡过大河（黄河），上漫天岭（小积石山），行四百里到鄯州；又西行百里到鄯城镇，又西南行百里到故承风戍（今青海西宁南千户庄），此地在隋代是物品交易的地方；又西行二百里到清海（青海湖），海中有小山，绕行一周七百余里，西南行可以到达吐谷浑的衙帐（今青海都兰一带）；又西南行可以到达国界,跨过国界就是白兰羌的范围,从这里往北可以到积鱼城(今四川石渠),西北可到多弥国(今玉树通天河一带);又西南行到苏毗国(今怒江、金沙江上游一带),再西南行到敢国(今拉萨北);再南行一段转东行到吐蕃国,再西南行到小羊同国;又西南行度过坦仓法关,到达吐蕃的南界。

《新唐书·地理志》"鄯城"条对唐蕃古道西段的叙述更加详细:鄯城于唐仪凤三年(678)设置,有土楼山、河源军,往西六十里有临蕃城(今西宁市西),又西六十里有白水军、绥戎城(今湟源县西),又西南六十里有定戎城(临蕃城西南),又南七里有天威军。天威军所在地以前称石堡城,开元十七年(729)设置,始称振武军,开元二十九年(741)被吐蕃占领,天宝八载唐攻克石堡城,更名为天威军。又西行二十里到赤岭,赤岭以西就是吐蕃地界,这里有开元中唐与吐蕃所立的分界碑。

从振武经过尉迟川、苦拔海、王孝杰米栅,行九十里到莫离驿。又经过公主佛堂、大非川,二百八十里到那录驿,这里临近吐谷浑国。又经暖泉、烈谟海,行四百四十里后渡过黄河,又行四百七十里到众龙驿。又渡过西月河,行二百一十里到多弥国西界。又经牦牛河度过藤桥,行百里到列驿。又经食堂、吐蕃村、截支桥，行四百四十里到婆驿。于是通过大月河罗桥，经潭池、鱼池，行五百三十里到悉诺罗驿。又经乞量宁水桥、大速水桥，行三百二十里到鹘莽驿，唐朝使者进入吐蕃时，公主经常派人在此迎接。

又经鹘莽峡十余里，两山相耸立，上面有小桥，三股水注顺流而下，水落下时激起的水花如烟雾，再行百里到野马驿。经过吐蕃垦田，又经乐桥汤，行四百里到合川驿。又经恕谌海，行一百三十里到蛤不烂驿，旁边是三罗骨山，山上积雪常年不消融。又行六十里到突录济驿，唐朝使者到来的时候，赞普常常派遣使节在此慰劳。又经柳谷莽布支庄，这里有温泉，泉涌出时水高二丈，水气如同烟云一般，泉水直接可以用来煮米。又经汤罗叶遗山和赞普祭神的地方，行二百五十里到农歌驿。逻些在农歌驿的东南，距离农歌驿二百里，每当唐朝使节到来时，吐蕃宰相常遣使在此迎候。又经盐池、暖泉、江布灵河，行一百一十里渡过姜济河，经过吐蕃垦田，行二百六十里到卒歌驿。于是渡过臧河，经过佛堂，行一百八十里到勃令驿鸿胪馆，这里就是赞普牙帐，西南是跛布海。

《新唐书·地理志》中的这段话向我们复原了唐蕃古道西段的具体行程：从长安（陕西西安）出发，经过秦州（甘肃天水)、狄道（甘肃临洮）、河州（甘肃临夏），进入青海境内，再过龙支（青海民和）、鄯州（青海乐都）、鄯城（青海西宁）、赤岭（日月山）等地，到悉诺罗驿，出青海境到合川驿（藏北那曲）、农歌驿（藏北羊八井北），最后到逻些。

古道寻踪

唐蕃古道的西段即吐蕃和青海之间的青海道，这条道曾经见证了无数的历史史实：贞观八年（634）吐蕃使臣出使长安，贞观十五年（641）文成公主入藏，显庆二年到龙朔元年（657—661）唐朝使臣王玄策出使印度，景龙四年（710）金城公主进藏，长庆年间唐朝使臣刘元鼎赴吐蕃会盟，走的都是这一条道。历史已成过去，今天的我们只能追溯着刘元鼎当年的行踪，去构想一下唐蕃古道上使臣、商旅往返的景况。

长庆二年（822），吐蕃请求划定唐蕃之间的疆界，刘元鼎被唐穆宗派往吐蕃结盟。元鼎从长安出发，大略途经今天水等地，抵达兰州，只见这里的城郭还保存完好，地里种植的是粳稻，道路两旁桃、李、榆、柳等树木成行，村庄里住的都是唐人。他们看到元鼎一行人的旗帜幢盖，都出来夹道观看，因为他们好多年都没有目睹过唐朝官员的身影了。接下来到了龙支城，竟有上千名老人在元鼎面前跪拜哭泣，打听当今天子是否平安,流露出对唐廷的无限思念,后来经过询问才知道,原来他们是流落当地的中原汉人。

元鼎等人经过石堡城时,只见这里崖壁高耸陡峭,道路蜿蜒曲折,吐蕃称石堡城为"铁刃城",很大程度上是因为这里有一夫当关、万夫莫开的险峻地形。再往西走几十里,就会看见红色的石山,吐蕃称其为"赤岭"。在赤岭上,只见当年信安王李祎、张守珪等人所立的石碑倒在地上,只有吐蕃所立的石碑还在。这里是陇右旧地,距离长安已有几千里远。

元鼎等人继续前行,翻过一处叫悉结罗岭的山道,因山石崩塌塞道,经过排险,才得以通行。一打听,才知道当年金城公主也曾途经此路,不免引起元鼎几多感慨!然后到了一处叫作"麛谷"的地方,暂住在这里的客馆。此地在臧河北面,是吐蕃赞普的夏季牙帐。牙帐用篱笆环绕,十步立一百支长矛,中间插着的大旗构成三道门,各门之间相距一百步。门口有士兵把守,凡是进门的人必须经过搜查。牙帐里面有高台,用宝楯环绕,赞普坐在帐中,帐上用黄金装饰着蛟螭虎豹,赞普身着素褐,头系朝霞头巾,佩带雕镂金剑,一名叫作"钵掣逋"的僧相站在右边,其余宰相站列在台下。

元鼎一到,吐蕃给事中论悉答热就前来商议会盟事宜,并在牙帐西边举行盛大的宴会，宾主把酒言欢，酒宴上还演奏《秦王破阵曲》、《凉州》等曲目，演奏的乐人均来自中原。

等到会盟时，只见盟坛有十步宽，二尺高。元鼎等人和吐蕃十多位大臣各处一边，百余位酋长坐在下面。盟坛上陈放大榻，钵掣逋随即登上盟坛，宣告会盟，一人在旁边把他说的话翻译成汉语。随即双方人员歃血盟誓，而钵掣逋因为是僧侣，没有参加歃血仪式。会盟完毕后，唐蕃会盟大臣将杯里的郁金水饮完，双方使臣互相庆贺一番，然后才走下坛去。

通过对刘元鼎赴吐蕃会盟路途所见的描绘，读者可以看出唐蕃古道的大致走向、地理特征，体会到这次唐蕃会盟的一些细节，以及吐蕃赞普的居所、穿着等有趣的内容。当然这还不是《新唐书·地理志》记叙唐蕃古道的全部内容，它描述的一些奇特或怪异地名，其实背后包含着大量鲜为人知的历史、地理以及民俗信息，我们在这里略做一个梳理：

赤岭，在蒙语里面称"纳喇萨喇"，此山在中唐时是唐蕃分界、交马、互市的地方，山上的土石呈红色，所以称为"赤岭"。赤岭约在今青海湖以东日月山隘路，是青海农区和牧区的分水岭。山由赤砂岩构成，海拔3800米。北魏时，宋

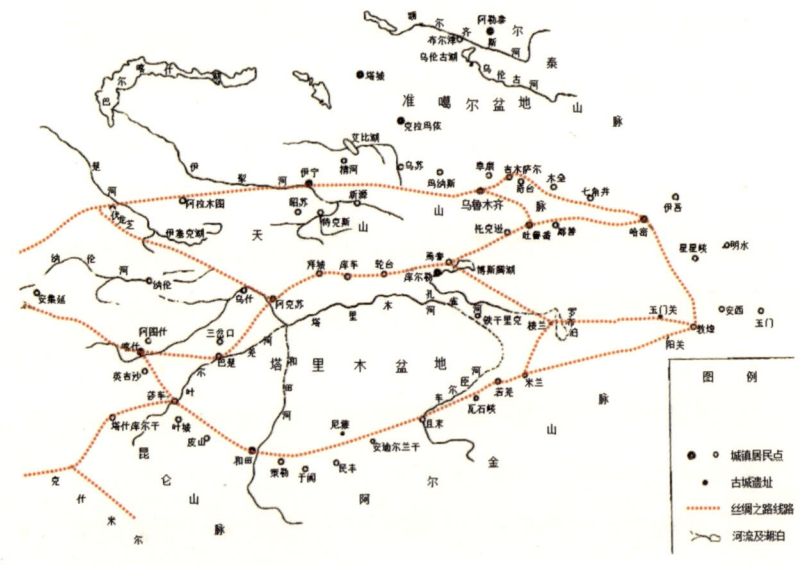

丝绸之路线路图（王瑞制）

云等人奉使出使西域，往返时经过此路。据说当年文成公主入藏时经过此山，登高东望，看不到长安故乡，悲从心来，怀中所揣的皇后赐给她的日月宝镜掉到地上，一分为二，一半化为金日，一半化为银月，瞬时日月交相辉映，照射着西方。这个传说寄予日月山无限的美好愿望，表达着时人"甥舅修其旧好，同为一家"的共同愿望。

开元十七年（729），在吐蕃大臣名悉腊和唐朝大臣皇甫惟明、崔琳的共同努力下，唐蕃商议在赤岭竖立界碑。开元二十二年（734），唐朝派遣金吾将军李佺作为监使，与吐蕃使者莽布支等一起，在赤岭正式立碑分界。长庆二年，入蕃使者刘元鼎赴逻些会盟经过此地，还能看到当年唐使所立封石倒在地上，而吐蕃的封石还立在那里。1983年，青海省文物考察队在青海湖东岸日月山大牙豁的草丛中发现了一个唐碑，碑上文字因为久经风雨侵蚀而剥落无存，但是碑额、碑座看起来均为唐代石刻形制，应该是与上述历史事件有关的遗物。

尉迟川，一说是因鲜卑别部尉迟氏族居此而得名；又说是藏语"弯曲河"（dgur chu）或"回漩河"（hkhor chu）的音译。地处今青海省日月山西麓的察汗草原，属于倒淌河镇辖区。在翻过赤岭往下看时，会看到在东北—西南走向的平川之间，一条呈东南—西北走向的河流穿插其间，犹如一条银带在平川之间舞动，这就是倒淌河。河水发源于日月山西麓，是一条依靠冰雪融水和雨水补充的季节河。自古以来这里就是青海西去中亚，西南通吐蕃、天竺的必经之路。

相传文成公主出嫁吐蕃行至日月山，蓦然回首，长安早已消失在千里之外，向西望去，看到高原一片苍茫，突然之间，浓浓的思乡之情油然而生，悲从中来，泪如泉涌，慢慢汇聚成了一条河流，这就是倒淌河。从地质学意义上来讲，倒淌河大约形成于13万年前，当时的青海湖还是一个外泄

布达拉宫壁画,《文成公主入藏图》(甲央、王明星主编:《宝藏》第一册,图59,朝华出版社2000年版)

湖,湖水由西向东注入黄河,后来地壳变化,日月山平地突起,青海湖就成了闭塞的高原湖泊,原本外泄的湖水倒流入湖内,就塑造出从东向西流的倒淌河。

苦拔海,也称作"可跋海",即今青海湖南山南麓的日月山大壑谷以西的尕海,当地牧民称为"尕海滩"。苦拔海方圆约17里,东北距离倒淌河镇约30里,周围没有河流注入,水面大小主要靠降雨量来调节。湖泊四周平衍,是一个天然牧场。历史上,唐朝将领哥舒翰曾在此击败吐蕃军队。

大非川,即今青海湖南面的切吉草原,另一说指今青海湖西面的布喀河。唐贞观九年（635），李靖在此击败吐谷浑，后来此地被吐蕃占据。咸亨元年（670），薛仁贵率领10万军队讨伐吐蕃，在此地被吐蕃40万军队击败。开元十四年（726），王君㚟在此击败吐蕃。

曼头山，又称曼头岭，在今青海省共和县西南，一说是指共和县东北的巴里昆山。北魏皇兴四年（470），吐谷浑首领拾寅不献职贡，献文帝遣长孙观率军讨伐，军队行进到曼头山，大破拾寅。唐贞观九年（635），李靖等攻伐吐谷浑，部将薛孤儿在此击败吐谷浑军队。

暖泉，安多藏语称"钦科奢马"，今青海湖南面大河坝西南15里的温泉，即《册府元龟·外臣部》中的"温汤"，书中说温汤里的石头形状像人肝，方圆数尺，有一个广六寸的洞，泉水从中喷涌而出，流入河道。

烈谟海，《西宁府新志》记作"阿隆阿他拉"，即今青海省海南藏族自治州温泉食宿站西面60余里的苦海。之所以称为苦海，可能是因为这里的湖水又涩又苦，不能饮用。苦海的西北岸是一片广阔的草地，被人称为醉马滩，据说人们骑马经过这里，马就醉倒了。

七乌海，最早见于《隋书·地理志》"河源郡"条，即今青海湖南的褡连海（又名贡嘎淖尔）周围的七个湖或七条川，一说为连接托索湖的一系列小湖。

乌海，即今青海省果洛藏族自治州的苦海，一说即七乌海。唐贞观九年，李靖等讨伐吐谷浑，任城王出南道，击破逻真谷，追击吐谷浑王伏允到乌海。咸亨元年，吐蕃入寇，薛仁贵率军出击，从大非川进军屯驻在此，为吐蕃军队所败。

柏海，又称柏梁，唐蕃古道湖泊名称，即今青海省果洛藏族自治州的扎陵湖和鄂陵湖，一说为今共和县西南的西泥淖尔。唐贞观十五年（641），唐太宗将文成公主嫁给吐蕃赞普松赞干布，礼部尚书、江夏郡王李道宗主持婚礼，持节送公主入吐蕃，松赞干布率大臣等到柏海相迎。唐将李靖率兵击败吐谷浑后，曾到柏海"北望积石"。

星宿川，又名星宿海，即今青海省果洛藏族自治州扎陵湖、鄂陵湖与玛多之间的星星海。康熙皇帝曾派遣侍卫到这里探查，当时看到地上飞泉杂涌，成水泡千百。从高处往下看，大大小小的圆点像天上的星星。星宿川实际上是一个狭长的盆地，东西30多公里，南北10多公里，黄河水流到这里时，因地势平缓，在这里形成大片的沼泽和湖泊。唐贞观九年，李靖等讨伐吐谷浑，积石道总管侯君集率军在荒原上行走两千里，历时一个月，途经星宿川，到达柏海，观览河源。

紫山，由青砂崖构成，古藏语称"闷摩黎山"，意思是紫

（青）色的山，即今蒙语所说的巴颜喀拉山，意思为富饶、黑色的山，位于今青海省境内，黄河就发源于这山间。山的北坡平缓，南坡幽深，多峡谷，山前遍布大小沼泽和湖泊。地势较高，气候寒冷，属于高寒荒漠草原地带。这里人烟稀少，但雨量充沛，为畜牧的好场所。唐长庆二年，入蕃使者刘元鼎从吐蕃返还时途经此地。

西月河，即今青海省玉树藏族自治州清水河乡所滨的扎曲，为雅砻江上源。扎曲为藏语，意思是发源于形状像月亮一样泉眼中的河流。唐人称为"月河"，或是从古藏语"月亮河"译得其名。因位于众龙驿（今扎曲东岸的崇陇峒）西边，又称西月河。

牦牛河，即今金沙江上游的通天河，这条河流因影视剧《西游记》的播出而声名鹊起。它是沱沱河与当曲河在沱沱河大桥下游 60 公里的囊极巴陇地区汇合后形成的河流。河水向东南流经青海省玉树藏族自治州，自古就是西宁通往玉树，青海通往西藏的必经之路，汉藏双方的使者、传经布道的僧人、求神拜佛的信民，经常行走在这条路上。唐长庆二年，入蕃使者刘元鼎曾途经此河，过藤桥而得渡。元代，马可·波罗也到过牦牛河，马可·波罗当时将其记为"布里乌斯"（brius）。明洪武十五年（1382），僧人宗泐取河源道回内地时经过此河。清代，在入藏的路程中，此河被称作木鲁乌苏河。

截支川，即今青海省玉树藏族自治州境内的"子曲"河，位于通天河南约300里。唐代有"截支桥"，连接两岸交通。

大月河，其名称的来源和西月河相同，均是从古藏语"月亮河"中译得。大月河水流量大于西月河，故称"大月河"，即今青海省玉树藏族自治州境内的扎曲（澜沧江上源）。唐代，大月河上曾架有桥梁供人们通行，被称为罗桥，位于今扎尕那松多渡口。

鱼池，即《乾隆内府舆图》中的扎新齐尔舍里，《中国新舆图》中的扎生吉尔湖，这两个名字的意思均为鱼湖，位于今青海省玉树藏族自治州澜沧江上游以北的敦布拉。

乐桥汤，在《乾隆内府舆图》中称为"租隆交"，《西域同文志》称为"磋朗角克"（mtsho long kyog），意思是"内漩湖"，即今西藏那曲地区当雄南20余里的陇雀湖，乐桥汤即陇雀湖的音译。唐蕃使臣、僧侣、商贾曾往返于此。

恕谌海，在《乾隆内府舆图》中称为"沙巴克拉尔"，在今西藏拉萨东北，唐代为蕃汉使臣、商旅的途经之地，因湖小而且随着时间推移，今已荡然无存。

温汤，《新唐书·地理志》说，温汤涌出的水柱有二丈高，水汽像烟云一样，可以用来直接煮食。温汤实际就是清代西藏达木（今当雄）草原南部的宁仲汤泉，位于今念青唐古拉山的丘陵之中。一说即今拉萨西北的羊八井热气田。

汤罗叶遗山，其在清代地图上称为唐拉叶尔汗，现在称为念青唐古拉峰。它的东段是青海的西界，东南部延接横断山脉的云岭和怒山。怒江、澜沧江、长江都发源于唐古拉山的南北两麓。相传当年文成公主进藏，来到唐古拉山时，被漫天的大雪阻挡无法前行，无奈之时，经随行的僧人指点，公主将其乘坐的金轿上的莲花座留下镇风驱雪，这才安然过山。山的东侧有山口，是历代入藏的驿道所在，是藏北到拉萨间的重要通道，战略地位十分重要。

盐池，在今拉萨西北约700里处，清代尚存大小盐池共9个，分布在牙尔佳藏布河两岸，大盐池广190里，小者广50或60里。其中的两个盐池产紫盐，其余的产白盐，拉萨居民食盐均靠此供给。

江布灵河，又称"布灵河"，是清代纳噶卡寺南部巴隆罔寺附近的一条河流。《西域同文志》中称"巴隆楚河"，意为"浪涛"，因河流多浪，故得此名。

姜济河，又称"姜河"，位于今拉萨西北的琼曲。唐蕃古道在今琼曲与羊八井河的汇合处渡过琼曲，再沿羊八井河南岸东行，即可抵达拉萨。

跋布海，又作"跋布川"，即今西藏山南的雅隆河谷，为吐蕃赞普迁居逻些前的居住地，后来成为赞普夏季的行宫。《通典》中称为"匹播城"，《敦煌本吐蕃历史文书》中作 balpo。又说跋布川就是拉萨河，跋布海即今拉萨河两岸的平原。

闷坦卢川，又作"闷惧卢川"、"北川"，在今西藏雅鲁藏布江北岸，或今曲水一带，是吐蕃赞普夏季行宫所在地之一。唐长庆二年，唐朝入蕃使者刘元鼎曾在此拜见吐蕃赞普赤祖德赞。这里土地平坦，风景秀丽，土地肥沃，两岸生长着无数的柽柳。山上有很多柏树，山坡满是坟墓，坟墓旁还建有房屋，房屋用红颜色进行涂饰，画上白虎。据传埋葬的是立有战功的吐蕃贵人，他们活着的时候穿着虎皮袍子或褂子，死后在他们的坟墓旁画上老虎，以彰显他们生前的勇猛。

臧河，也称"藏河"，即今雅鲁藏布江，发源于喜马拉雅山北麓仲巴县境内的杰玛央冰川，是西藏第一大河，也是藏民心中的圣河。《册府元龟·外臣部》"吐蕃条"说，臧河，距拉萨三百里，向东南流。与其他河流汇聚后，向南流入今孟加拉国。

唐蕃古道上的交流

在唐蕃古道上，吐蕃与其他民族和地区进行过长期的交往，古道上曾活跃着各地的使臣、商人、僧侣、移民等，这些来来往往的人群，犹如今天荧屏上展示的历史人物，或骑马或步行，或成群结队，或只身一人，携带着从吐蕃输往各国的贡品或特产，或携带着各国的物品，奔走在这条道路上。

唐朝和吐蕃沿着这条古道交往了数百年，双方之间的使臣来往不断，据统计，平均一年零四个月，双方之间就有一次使臣往来。吐蕃使臣出使唐朝，经常会带上一些金银制品和吐蕃特有的珍贵物品。禄东赞来长安为松赞干布请婚时，带去了聘礼"宝玩"数百件。唐太宗征发高丽归来，吐蕃赞普遣禄东赞来道贺，进献了用黄金铸造，高七尺，可装酒三斛的金鹅。长安三年（703），吐蕃又遣使向唐朝请婚，献上马千匹，黄金两千两。开元十七年（729），唐玄宗命皇甫惟明及内侍张元芳出使吐蕃，第二年吐蕃重臣名悉腊跟随惟明等到长安，向玄宗献上金胡瓶、金碗、零羊衫、金鹅盘盏、杂器等。开元二十四年（736），吐蕃再次遣使贡方物，金银器玩数百件，玄宗还特意将吐蕃进献的宝物陈列在宫廷内，供大臣们观赏。

唐朝对吐蕃使臣进献的方物，也给以回赠。开元十八年（730），名悉腊跟随皇甫惟明到长安，因为名悉腊颇晓书记，之前又曾作为迎亲专使来长安迎娶金城公主，所以玄宗特别欣赏他的才能，特赏赐给紫袍金带及鱼袋，以及时服、缯彩、银盘、胡瓶等。唐朝使臣出使吐蕃，也会携带一些唐朝特有的物品，开元二十一年（733），工部尚书李暠出使吐蕃，就带去了各类织品万余匹。

除了使臣之间的往来，唐蕃之间的联姻提高了双方交流的层次。文成公主出嫁吐蕃赞普时，听说吐蕃土地贫瘠、民智未开化，就带去了用黄金铸成的等身释迦牟尼像、众多珍宝、金玉制作的告身文书、三百六十部佛经、十八种工艺书籍、《大医典》、八十部占筮历算法等。这些物品和书籍促进了吐蕃文明极大的发展，吐蕃日后在政治制度、经济文化、医药等方面获得的巨大发展，与文成公主带去的这些技术、典籍息息相关。继文成公主之后，中原的科学技术再一次大规模地进入吐蕃，要数赤德祖赞与金城公主的联姻，公主将锦缯数万、杂技诸工及其他珍奇物品带到了青藏高原。金城公主后来还向玄宗上奏，希望能赐给《毛诗》、《礼记》、《左传》、《文选》各一部，玄宗特让秘书省负责抄写公主所求的书籍，然后赐给吐蕃。

这条道路上也发生着吐蕃与周边的民族和地区之间的交流。7世纪后半叶，吐蕃占领吐谷浑和诸羌地域后，就将本土的政治制度、经济方式、风俗习惯等经过此道带到了青海。近些年，在青海都兰县热水乡、德令哈市郭里木乡等地发现

第二章 吐蕃与丝路交通

了一批吐蕃时期的墓葬，墓葬中出土了一批棺板画，棺板画上发现有吐蕃"赭面"的习俗，男子头束高筒状头巾，身穿垂到脚踝的长袍，脚蹬黑色长筒皮靴，衣服上装饰纹锦等，这些人物造型均是吐蕃民族特有的风格和式样。棺板画上还可以看到具有吐蕃特色的丧葬仪式，青海郭里木一号棺板画 B 板被认为是描绘了一次葬礼的几个典型情节，吐蕃画家用纪实的手法，再现了一位吐蕃赞普的葬礼。

仔细观察郭里木一号棺板画 B 板的画面，你会看到 B 板右侧画面上描绘了一组骑马奔丧的场面，画面中有三个人骑着快马朝大帐方向而来，前面一人的身后紧随着两人，这两人第一个人头戴方形的帽子，披着长披风，第二个人穿着

青海郭里木吐蕃墓葬 1 号棺板画彩色摹本（引自《中国国家地理》2006 年第 3 期）

袍服，衣领和袖口上都镶着连珠纹样织物，头上戴着典型的"垂裙皂帽"。有学者认为，"垂裙皂帽"曾是鲜卑民族的装束特点，看来这两人应是赶来奔丧的。

同样主题的内容还见于郭里木乡吐蕃墓葬出土的棺板画上，只见棺板画中的一个场景是反映殡丧和奔丧的情景，画面被绘制在棺板的下部。画面中央的须弥座式高台上放着一具黑色的棺木，高台和棺木上部被一座圆形顶部带有气孔的灵帐遮盖，棺木的下方，有一人面向灵帐致丧。这个人头戴山字形的船形帽，身穿黑色长袍。灵帐的上方，一字排开的六位骑马人中，有两人也头戴山字形船形帽，衣饰和站立在灵帐前面的致丧者相同。这种头上戴山字形帽的装束，曾出现在北朝鲜卑族的壁画中，山字形帽的形制和"垂裙皂帽"的形制完全一致，可见山字形帽也是流行于鲜卑人当中的一种帽饰。所以，这批棺板画的内容，反映了以鲜卑民族为主体同时融合周边其他民族而形成的吐谷浑，在青海这片土地上与吐蕃发生了千丝万缕的联系。

第二节　吐蕃—泥婆罗道

唐代，吐蕃和南亚的印度和泥婆罗往来密切，因此形成了互相交往的通道。这些通道中，一条是从吐蕃往西，从克什米尔、印度河上游一带进入北天竺；另一条是从吐蕃西南的吉隆进入泥婆罗，再到北天竺。

吐蕃—泥婆罗道分为南北两段，北段从青海到拉萨，南段从逻些经后藏边地出境，进入泥婆罗国。这条道的北段在道宣的《释迦方志》中被称为"东道"，该道从河州西北出发，沿途经过鄯城镇、承风戍、吐谷浑衙帐、白兰羌、多弥、苏毗，到吐蕃。该道的南段从吐蕃西南到小羊同国，又西南到度咀仓法关，这里是吐蕃的南界。又东偏南度末上加三鼻关，从东南入谷，经过十三飞梯、十九栈道，又东南或西南行，缘葛攀藤，行四十余日，到泥婆罗国。道宣说，此国去吐蕃约为九千里。

道宣在《释迦方志》中描述的这条通道，宋人在《佛祖统纪》中也做了交代，说从唐朝到五天竺有三条道路可以通行，其中由西域度葱岭、入铁门的这一条最为险远，玄奘法师西行求法时走的就是这一条道路。泛南海到达诃陵再到耽什立底者，路况也较差，义净等人泛海到印度走的即是这条道。《大唐西域记》说，从吐蕃经东女国、泥婆罗、弗粟特到毗离邪，为中印度。唐和印度相距万里，这条道是最近也是最少险阻的。

吐蕃—泥婆罗道的开通

吐蕃与泥婆罗的关系始于松赞干布时。泥婆罗，梵文 nepāla，俗语 nevāla，指的是今天的尼泊尔国加德满都谷地。7世纪初，泥婆罗为塔库里王朝统治，其王号为鸯输伐摩，意思是光胄。此王在位时，吐蕃和泥婆罗有了联姻关系。据说松赞干布迎娶泥婆罗公主为妻，是因为佛的召唤。赞普在祈祷自成旃檀佛像之时，从佛像的胸中射出光声说，吐蕃众生出自猴魔女，难以调伏，需迎请二化身调伏之。于是松赞干布以吞米·桑布扎为迎婚使，率领骑士百名，带上金币、金粉和璎珞等礼物，前往泥婆罗请婚。泥婆罗王向吐蕃提出了"能否依十善律法建立国法"、"能否修建佛寺"、"可有五种妙

第二章 吐蕃与丝路交通

欲受用"作为婚嫁的条件，吞米·桑布扎将松赞干布早已准备好的三封信函呈交给泥婆罗王，信中分别回答了泥婆罗王的三个问题，而且在每封信的后面附有相同内容的话，意思是如果这样你还不许嫁公主，我就要派遣化身军旅五万人前来，杀死你，劫回公主，摧毁你所有的城市。泥婆罗王看到吐蕃赞普的这三封信后，惶恐不安，最终答应把公主嫁给吐蕃赞普。

藏族史料对这件事补充说：赤尊公主入藏时，松赞干布派人到芒域（吐蕃和泥婆罗交界的地方）迎接公主，泥婆罗臣民也赶到芒域来送公主，据说，吉隆镇的帕巴寺就是在这时兴建的。兰顿的《尼泊尔》一书说，赤尊公主在639年入藏，这一年，吐蕃和泥婆罗之间最近的道路，"班尼巴—固帝山口"的通道就已经开通了。

自从吐蕃和泥婆罗联姻后，两国一直保持着友好的关系。后来因为王玄策出使天竺，这种和平的局面被打破了。贞观二十二年（648），唐太宗因中天竺国王尸罗逸多遣使来朝，遣王玄策带领使团出使天竺。玄策若干人等刚到天竺境内，就赶上尸罗逸去世，天竺国内发生动乱，大臣那伏帝阿罗那顺自立为王，发兵拒唐朝使团，使团人员均被囚禁，礼物被夺。王玄策趁夜出逃，以天子使臣的名义檄召邻国救兵。从吐蕃发兵千余人，泥婆罗发兵七千人讨伐天竺，攻破了天竺的茶镈与罗城，俘虏了阿罗那顺及其王妃、王子及男女一万二千多人。吐蕃趁此次出兵，占领了印度的底惹赫达（恒河北岸直达黑山山脉区域的通称），因为当地气候酷热，吐蕃军队未能长久驻军，就撤了回来。

后来，泥婆罗国内的一次动乱，给吐蕃提供了极好的机会。这次是泥婆罗王那陵提婆的父亲被其叔所杀，提婆出奔，吐蕃收留了他，后来又由吐蕃派军送回国，杀掉了其叔，自立为王，臣服于吐蕃。最后，吐蕃王廷甚至直接派人继承泥婆罗王位。但是吐蕃在泥婆罗的统治也不稳定，在704年左右，曾发生了泥婆罗起兵反对吐蕃的事件，这次事件迫使赞普的兄弟从泥婆罗退位，赤都松赞亲自前往征讨，也身殁于征伐之中。

自从吐蕃—泥婆罗道开通后，南亚与吐蕃及中原之间的宗教交流大为加强。一些致力于佛教事业的高僧，如玄照、道希、道方、道生、末底僧诃、玄会等，都是通过这条道路往返的。一块立于695年的泥婆罗敕令石碑，向我们透露了这条道路通行的情况，碑文说：由于泥婆罗向吐蕃纳税的原因，所以每年由五名官员负责率领苦力携带贡物，到吐蕃朝献。

第二章 吐蕃与丝路交通

吐蕃—泥婆罗的开通，得到了考古资料的证实，《大唐天竺使出铭》被发现后，加深了我们对这条道路的认识。该碑是 1990 年西藏文管会文物普查队在吉隆县城北的阿瓦呷英山嘴发现的，系唐显庆三年所刻。碑刻在山嘴一西北至东南走向的崖壁上，下端已损毁残缺，宽 81.5 厘米，残高 53 厘米。碑额上篆刻阳文"大唐天竺使出铭"七字，碑文阴刻楷书 24 行，满行原来估计约 30—40 个字，现残缺共约 222 字。碑文有相当一部分字迹漫漶，但仍然能从碑文看出这块碑所立的背景。

唐高宗显庆二年，高宗命王玄策等人送袈裟到泥婆罗国。王玄策为正使，其他人员有刘仁楷、刘嘉宾、贺守一、王令敏等，他们于显庆三年六月从长安出发，经过十一个月左右的艰难跋涉，于次年夏五月抵达吐蕃西南边界的吉隆。王玄策有感于吉隆的山水之美，受到当年窦宪大破匈奴北单于于燕然山，班固刻石纪功一事的感召，于是在吉隆刻石纪功。

吉隆在吐蕃时代被称为芒域，清代文献中作"济咙"，吐蕃从印度迎请法王的本尊佛像，以及迎请泥婆罗赤尊公主都经过了芒域。《大唐天竺使出铭》所在位置北面为宗喀山口，是昔日进入吉隆盆地的古道入口，东西两侧群山环抱，南面为通往县城的现代公路。《大唐天竺使出铭》的发现，为吐蕃—泥婆罗道的存在提供了物证。

吐蕃—泥婆罗道上的文化碰撞

吐蕃—泥婆罗道开通后，吐蕃与泥婆罗等国开始了紧密的交流。泥婆罗的赤尊公主在去吐蕃之前，听说吐蕃物资贫乏，就请求她的父王赏赐了大量珍宝，用七头大象驮到了吐蕃，这些珍宝有佛像三尊、珍宝、翻白草（一种药用植物）、天宝、琉璃钵等。赤尊公主来到吐蕃与松赞干布成婚后，被奉为王妃，自此吐蕃与泥婆罗建立了稳固的关系，双方往来频繁。松赞干布时，吐蕃与外部进行贸易的八个市场中，其中一个就与泥婆罗有关。各国使者、商旅等也通过吐蕃—泥婆罗道往返其间。唐贞观十七年（643）三月，唐太宗以上护军李义表、副使前融州黄水县令王玄策等，经由此道护送婆罗门客使回国，后来李义表又在贞观二十一年（647）经此道返回唐朝，同行的还有泥婆罗第一次派遣来中国的使臣。

吐蕃和南亚之间的桥梁——文字

吐蕃王朝建立后，为了巩固统治的需要，方便与外界更好地交流，松赞干布曾派人到天竺学习文字。开始先派了七名聪慧的大臣到天竺学习，因为道路艰险，气候不适，很多人都死于途中，最终也没有什么进展。但是这并没有打消松赞干布创立文字的热情，接着又派吞米·桑布扎等人去天竺学习。吞米·桑布扎不负赞普重托，历尽千辛万苦到达天竺，向天竺大师认真学习文字和声明之学，最后以梵文字母为基础，经过改造，形成了30个辅音字母、4个元音字母的藏文文字体系。在天竺时，吞米·桑布扎除了跟随智者学习文字外，还跟随班智达拉日僧格学习一切声明，经过数年的努力，吞米·桑布扎遍通五明之学，将《宝箧经》等21部佛教经典翻译成藏文。

自此以后，天竺的佛教开始大规模传入吐蕃。松赞干布也大力支持翻译佛经的活动，从印度迎请来鸠摩罗大师，由吞米·桑布扎担任翻译，译出了《阿毗达磨藏》的广、中、略三种写本。又迎请泥婆罗的锡拉曼殊大师，由赤尊公主担任译师，译出《经藏》、《华严经》等。据《布顿教法史》统计，整个吐蕃时期来自天竺、泥婆罗的著名僧人学者达三十人左右。

吐蕃有了自己的文字后，关于吐蕃和南亚各国交往的资料被保存了下来，根敦琼培在旅居印度时，曾亲眼见到北印度戒日王时期制作的铜牌，上面所刻的文字和藏文极其相似，稍远望去，就像一个人写的不熟练的藏文。即使没有学习过这种文字的藏族人，也能识读。在现代藏语中，仍然可以看到有一些词汇似借自于印度土语，如普拉克里特土语（prākrits），说明早在吐蕃文字产生之前，印度语和藏语之间就已经发生了交流。

吐蕃建筑上的南亚风格

当年泥婆罗的赤尊公主进入吐蕃时，有不少泥婆罗的塑匠和雕刻、建筑工匠也跟随公主一同前来，他们帮助吐蕃人建造宫殿和雕塑佛像。泥婆罗人和吐蕃人一起，在门域等地修建了杰曲寺和仓巴嫩寺，在拉萨修建了大昭寺。大昭寺的四角绘有永仲纹（万字纹），立柱都是橛形。根敦琼培说，他在印度的一个古寺中就看到过这种纹饰和形状，不但装饰结构相同，甚至彼等量柱的大小和今天大昭寺的立柱都可互换使用。赤祖德赞在位时，曾在文香多地方给自己的本尊神建造了一座九层神殿，参与修建的就有于阗和泥婆罗的能工巧匠，神殿的底下三层和门户是用石头建造的，中间三层和门户用砖建造，上面三层和门户用木料来建造，每层都有华丽的装饰。

在此之前，我们所看到的吐蕃和泥婆罗在建筑方面的交流，基本还是停留在文字的记载中。令人欣喜的是，考古工作者后来在中尼边境的吉隆镇调查时，发现了三座式样独特的佛寺建筑，为吐蕃与泥婆罗在建筑方面的交流提供了实物标本。这三座佛寺分别是玛尼拉康、帕巴寺、强准寺，三座佛寺都是木结构的阁楼式建筑，不同于传统的西藏佛寺式样，这类佛寺风格在西藏其他地方也基本不见。对于这种具有明显地域特点的佛寺建筑，唐代僧人道宣在《释迦方志》中有过描述，道宣说，泥婆罗国城内有阁，高二百余尺，周回八十步，可以容纳万人。阁面别三叠，叠别七层，徘徊四厦，上面刻以奇异的图案，还用珍宝进行装饰。吉隆发现的这几座佛寺建筑，应该是受到泥婆罗式样的佛寺建筑影响。

我们知道，吐蕃的宗教信仰开始是苯教，后来随着南亚佛教的传入，佛教中的一些义理更能适应吐蕃社会发展的需求，加上吐蕃上层的极力支持，佛教在吐蕃传播的速度加快。但由于吐蕃苯教和佛教在教义等方面存在日益加深的矛盾，所以吐蕃内部很长一段时间都存在着护佛和反佛的斗争。吐蕃赞普赤松德赞继位后，一如既往地支持佛教的发展，以佛教作为思想工具，反击守旧的大臣，他一度派人去天竺和汉地，邀请佛教各派的代表人物来吐蕃弘扬佛法。印度佛教的密宗大师、乌仗那活佛莲花生就在此时被迎请到了吐蕃，莲花生大师为吐蕃佛教的传播做出了重要的贡献，他为佛教徒创建了栖身之地，主持兴建了供吐蕃僧人们弘扬佛法的固定场所桑耶寺。

桑耶寺是西藏第一座剃度僧人出家的寺院，在西藏的历史上都有着极其重要的历史地位。它的修建，主要还是依靠天竺、泥婆罗和勃律的工匠。当时在修建桑耶寺时，工匠们就问道："神像是建造印度型还是汉地型？"菩提萨埵回答道："因佛降临印度，所以用印度风格。"据说桑耶寺是以印度的欧丹塔普里寺和那烂陀寺为蓝本建造的。

桑耶寺的平面布局，明显受到密宗曼荼罗的影响：全寺以乌孜大殿为中心，以此象征佛教宇宙观中的须弥山，如

桑耶寺

同曼荼罗中的"中院";大殿四方各建象征四大部洲、八小洲的配殿,犹如曼荼罗的"外院";大殿构成的"十字折角形"的多角曲折金刚墙,完全依照了曼荼罗的构件特点。而桑耶寺最外围的圆形围墙,则犹如曼荼罗中的"金刚环"。

桑耶寺修成后,因为需要在佛塔内供

转法轮印释迦牟尼佛(引自《**西藏寺庙珍藏佛教造像108尊**》,文化艺术出版社2010年版)

奉佛物,赤松德赞就发兵进入天竺境内,涉过恒河,到摩揭陀国去夺取供奉在那里的舍利。摩揭陀国人将各种财宝送往乌仗那之布日山后,就逃往东印度。吐蕃军队没有和摩揭陀国直接交战,在取得舍利后,就把军队驻扎在恒河河畔。从此,此地以内为吐蕃地界,吐蕃在该地还树立了一通石碑。

考古发现也证实了吐蕃—泥婆罗道上的交流。2012年中国社会科学院考古研究所和西藏自治区文物保护研究所，对西藏阿里地区嘎尔县门土乡故如甲木寺旁边发现的 M1 号墓进行清理时，从中出土了一件残损的木器和墓顶横木，经过对这两个样品的种属进行鉴定，疑似木器残块的木材属于软松木类，横木木材属于三尖杉属，这种三尖杉属被认为很可能是印度的三尖杉。印度的木材原料出现在青藏高原上，这是两地互相交往的一个明证。

  对于吐蕃与印度等国之间的交流，有学者这样说，吐蕃的艺术品越古老，就越和印度风格近似。这里的"印度风格"，其实是一种泛称，它应该包括一些变种，如尼泊尔和克什米尔风格等。一直到 15 世纪，在西藏地域上的各种神殿上表现出来的佛教画像艺术，都还被说成是"尼泊尔式"或"克什米尔式"的。所有这些，都是对吐蕃与南亚等国通过吐蕃—泥婆罗道进行宗教、文化、艺术交往的最好诠释。

第三节　吐蕃—于阗道

7世纪60—90年代，吐蕃和唐朝在西域进行了多次争夺，史料记载，当时吐蕃军队进出西域几乎总是首先出现在于阗。从吐蕃军队的进攻方向上，可以看出吐蕃与于阗之间的交通路线。当时，大论钦陵曾把在西域活动的道路称作"五俟斤路"，这条道路就是翻越于阗南山，穿过昆仑、帕米尔和西部天山的山麓或山间草原，前往北部草原南缘的路线。

吐蕃进出于阗的道路可细分为两条：第一条经克什米尔的拉达克向北，翻越喀喇昆仑山口、苏盖提山口到达赛图拉，然后转向西北直下塔里木盆地西南斜坡上的叶城绿洲（即唐代的朱俱波），或者向正北由桑株达坂翻越昆仑山，再东去和田或西去叶城；同时有一条大致与今天的新藏公路途经相同的道路，从今西藏阿里地区的噶大克（噶尔）向北，穿越阿克赛钦这片夹在喀喇昆仑山和昆仑山之间的荒漠道路，到达赛图拉后与前一条路线相会。第二条是通过昆仑山中部克利雅山口的一条交通孔道,在 8 世纪吐蕃进占塔里木盆地后,于阗即今天和田地区成为吐蕃统治西域重要的战略基地,而沿于阗河北上 185 公里的神山堡就成为吐蕃重要的军事据点,通过克利雅山口北至麻扎塔格的路线,当时人员往来频繁,是吐蕃和塔里木盆地联系的主要路线之一。

克利雅山口北至麻扎塔格的路线

7 至 9 世纪上半叶,在塔里木盆地的南缘,有一条吐蕃军队从本土出发,向北穿越克利雅山口,抵达位于今和田城北 185 公里的军事据点神山堡的路线,这条路线具体的交通情况,史籍中没有完整的记载,只能从有关的汉、藏文书中,通过搜寻吐蕃的活动,来复原这条路线的实际走向。

神山(shing shan),也称神山堡,或称"通圣山",维语意思是"坟山"。神山在今和田城北,和田河西岸,相距和田城 185 公里。山体呈东西走向,南侧山嘴呈红色,北侧山嘴呈白色,是塔里木盆地腹部最大的一座山体。1928—1929 年,黄文弼从沙雅穿行大沙漠去和田的途中,曾经路过麻扎塔格。黄文弼描述说:"这座山是西北山脉的余脉,在和田河旁。在北边的称白山嘴,在南边的称红山嘴。两山之间有大道西行,可能是古代的交通要道。有一个古城在红山上面，周长大约有一里，是三重城，城内的烽渣比较多。城墙是红色的，用土坯砌成，土坯中夹杂着胡桐树枝。"黄文弼推测，这个地方一定是设在大道旁供防御之用。此外，在山上还发现有寺院遗址。

1908年4月和1913年11月，英国探险家斯坦因分别在这里发掘了一个吐蕃人的堡寨和其他一些遗址，从中搜罗到大批古藏文文书和其他遗物。近年来，新疆考古工作者对麻扎塔格重新进行了清理，获得了一些吐蕃简牍和其他文物。

在唐代，神山的地理位置十分重要，它是扼控塔里木盆地南北交通的咽喉，当时有一条重要的交通路线称"神山路"，它北起拨换城（今阿克苏），南到于阗（今和田）；同时，神山堡与坎城（今老达玛沟一带）之间也有道路相通，即由神山东行，经杰谢往南到坎城的要道。8世纪末，吐蕃控制塔里木盆地南缘后，在此顺着山势构筑堡垒，作为军事据点，神山因此和藏北高原首尾相顾，遥相呼应。

正因为神山的战略位置十分重要，所以在吐蕃文书中屡次出现它的名称，王尧、陈践编著的《吐蕃简牍综录》中就有十余枚简牍提到"神山"一名。从这些简牍的内容看，神山不仅仅是一个普通的军事据点，还是吐蕃统治于阗时官吏们的驻地，此地与于阗各地保持着紧密的联系，从吐蕃本土和从西域其他据点发出的文书，都被送到这里，直到一千余年以后，被世人所发现。

杰谢（jeg sheng），著名的丹丹乌里克遗址就在杰谢，该地处于克里雅河与玉珑喀什河尾之间，在乌曾塔提北约60公里处。唐代在此设置有军镇，驻扎有军队。它南接坎城，北通神山，因为靠近古计戍河侧，因河而得名。杰谢一名在吐蕃文书中曾有出现，一枚简牍说："送孙儿赞热和班热及其他人等：兹赖的信。我正在去杰谢的路上"；另一件藏文文本说："呈内务大臣赤热和其余官员，昆热的请愿书。（通常的问候语之后）我们已抵达帕班（pan-ban）和杰谢（jeg sheng）低谷。"

近年在新疆策勒县发现一件唐代汉文文书，根据文书内容获知吐蕃在杰谢附近有过活动。这件文书基本完整，共有7行字，为《唐某年三月十五日帖都巡杨光武》，大概意思是：唐某年阴历三月十五日，古于阗（今和田）的气候已是春暖花开，山里的冰雪也开始消融。这一天，杰谢镇的权知镇官左武卫大将军子游通告本镇的都巡官杨光武：春天冰雪消融，山中的道路又可通行，外界敌人——吐蕃可能又会秘密地翻山越岭来侵扰，抢掠人畜财物。必须通告各烽燧、哨所的守

第二章 吐蕃与丝路交通

将，对边界敌人出没的道路，要深入、仔细地侦察。哨所不得玩忽职守，如果有疏忽、闪失，将追究违犯军令的责任。

扜弥（gyu mo），在汉代，扜弥是和于阗并列的绿洲城邦国家，152年被于阗吞并，作为于阗国的属地，又称为"于阗扜弥"。唐代扜弥国虽然已经不存在了，但它的地域范围还是和以前一样。汉代扜弥国的中心在今天达玛沟北约100公里的乌曾塔提或铁提克日木一带，唐代称"媲摩"或"坎城"，历经1000多年如今已成为一片沙漠。吐蕃进占塔里木盆地时，位于交通要道上的扜弥不仅是吐蕃军队粮食的重要运输地，而且翻越昆仑山的吐蕃人员一旦患有高山疾病就常在此疗养。麻扎塔格出土的吐蕃文书，记载了吐蕃波噶（phod kar）部落的成员在此地停留。

20世纪初，中国学术团体协会和瑞典有关方面组成的西北联合考察团，在塔克拉玛干沙漠西部的于阗国城址发现了一批于阗古语写卷，根据其中的双语文书记载，由扜弥前往吐蕃军事据点神山堡有直达的交通路线，即由神山东行，经杰谢往南到坎城的要道。达玛沟发现的H.24号双语汉文文书称："□□乘驼人桑宜本□报称：闻神山堡□□三铺人并驼三头。今日卯时□，濡马屈萨得消息，便即走报来者。准状各牒所（由者），人畜一切尽收入坎城防备。如有漏失，罪科所由者,故牒。贞元十四年闰四月四日辰时,典使怀口牒。判官简王府长史富惟谨〔残〕节度副使都督王〔残〕(尉迟曜)。"

于阗语文书中记载的内容与汉文文书的内容相同,说明当时在坎城和神山堡间,时有往来,还设有驿站,由于当时战争的影响,防备比较紧张。

渠勒(zhugs ngam),位于今天新疆策勒县努尔乡,在海拔2200米以上的低山带,年降水量200毫米左右,气候湿润凉爽,可以耕作也可以放牧,这里有和田地区最好的草场资源。作为汉代渠勒国所在地,这里交通便利,向北可到达玛沟,折向东南约40公里可到普鲁,向南即出克利雅山口到藏北高原。特殊的地理位置,使吐蕃在控制和田时,可能一度把军事指挥部设置在这里。有两件吐蕃文书写道:"我等下人则萨等,作为探哨被派往神山(shing shan),已从渠勒(zhugs ngam)高地来了很长一段时间,眼下甚至无外衣可穿","尚论赤热(khri bzer)和内务大臣塔赞(lha bzan)逗留在渠勒(zhugs ngam)高地的军事指挥部期间,犹如神的显现,谈及于阗(vu tan)地区目前的形势"。

普鲁(vbru),古称帕涅或普罗,《于阗编年史》中记为vbru so lo nya,今天的行政区域属于和田县阿羌乡,北距县城72公里,属于山前克里雅河上游地区的河谷阶地,海拔

2320 米。普鲁在汉、唐时期为扜弥南境,清代从普鲁向北可到策勒村,向南可直达藏北高原,是通过克利雅山口到藏西北的必经之地,至今还有一条已经废弃的 20 世纪 50 年代初修筑的进藏公路,孤零零地躺在那儿。

这条穿越克利雅山口的南北通道,是昆仑山中段进入西藏地区的主要干线。清代学者徐松在《西域水道记》卷二引《西藏志》说:从卫藏向北行二十四日可到达纳克产,又行十五日可到书隆沙尔,再行十八日到克勒底雅城。"克勒底雅"又称为"克里雅",在今新疆和田县,汉代为扜弥国地域范围,后属于阗国。一直到近代,当地乡民中还流传着这条通道上唐蕃构兵的传说。

到清代,翻越克利雅山口进入西藏地区的道路仍然在使用。清康熙五十五年(1716)十月,准噶尔部首领策旺阿拉布坦以护送噶尔丹丹衷及其女博托洛克回西藏为幌子,派大将策零敦多布、都噶尔、托布齐、三济等人,率兵六千,绕过戈壁,穿过和阗大山,在第二年由藏北腾格里海处进军,击败了藏兵,围攻布达拉,杀掉拉藏汗,将达赖喇嘛禁锢在札克布里庙(即岳王山庙)。雍正元年(1723)六月,罗布藏丹津也试图从克勒底雅入藏,后因为气候原因而停止了该计划。光绪四年(1878),因剿灭叛匪白彦虎,这条道路被毁,之后几乎没有了人员往来。

19世纪末20世纪初，俄、英、德等国的探险队曾多次通过这条路线，试图进入西藏，或者从西藏到达普鲁，其中有成功的也有失败的。1951年进驻和阗的中国人民解放军，为了开辟通向藏北阿里的路线，曾从和阗普鲁向南经过苏巴什等，然后穿越昆仑山，翻越界山达坂，进入西藏境内。

20世纪90年代初，我国自行组织的一次科学探险队，从普鲁沿河沟，经过阿拉叫依、苏皮塔什、苏巴什，翻越硫磺达坂（海拔5100米），偏西南转而东西向，经过阿其可库勒，绕到乌鲁克库勒以东，再向东南绕过乌拉音库勒（克里雅河水源地），越过海拔5700米的达坂，转向西南，经过克利雅山口进入西藏北部。在最新版的《中国公路行车路线图》等交通图上，还标注有一条从于田县南普鲁往南的大车道，与来自民丰县的喀拉萨依的一条大车道会合，然后穿过克利雅山口进入西藏。

汉、藏文献记载的一连串地名和历史事件，都同时披露出一个重要的信息，那就是从被称为羌塘的藏北高原，穿过克利雅山口，经普鲁、渠勒往北，由扜弥经杰谢，然后可到达神山，这是8世纪末吐蕃进占塔里木盆地后一条重要的南北交通线。这条穿越昆仑山的通道，不言而喻，异常艰险，但当时吐蕃选择这条路线作为南北往来的通道,除了考虑路线快捷之外,还因为塔里木盆地东南缘进出方便,长期处于其势力范围之内,能够有效地保障线路的安全。

今新藏公路叶城至阿里的路线

这是一条大致和今天的新藏公路所经线路相同,穿越阿克赛钦荒漠的道路。新藏公路始建于1955年6月,今天已经被标为国道219。公路北起新疆叶城,南抵西藏阿里地区的噶大克(噶尔),后又向南延伸到西藏城镇普兰,途经峡南口、大红柳滩、日土宗和噶尔昆沙,跨过拉斯塘河、叶尔羌河、喀拉喀什河、狮泉河等河流,越过新疆、西藏之间海拔5406米的界山达坂和海拔5432米的库达恩布等11个山口。其中叶城到狮泉河两地相距1100公里,车程约需三天。具体的路程走向是:叶城698公里到界山达坂,136公里到多玛,266公里到狮泉河。

今天新藏公路一线以前是吐蕃活动场所,《敦煌本吐蕃历史文书·大事纪年》载:猪年(687)夏,"论钦陵率军前往突厥固城(gu zan)之境"。今天的学者考证 gu zan 或许就是《新唐书·地理志》中所记载的于阗西200里的"固城",如果按照距离测算,固城应该在和田西皮山东境的藏桂(装桂牙）一带。《新疆图志》说：装桂雅废垣周长十里，俗呼破城子，地上有很多柽柳，居民常在这里砍柴，经常挖掘到铜章钱刀等东西。《西域水道记》说这是汉时的国治。黄文弼在《塔里木盆地考古记》中也说，在藏桂附近的古遗址，陶片散布极广，房舍遗迹犹存，井渠巷陌历历可辨，颓垣甚多，类似城墙遗迹，周广约十里，可能为古城遗址。而藏桂正位于从赛图拉沿桑株河往北的交通线上，应该是旧时的固城之地。唐朝在这一带地区设立的军镇有固城镇、吉良镇、皮山镇等，就是为了防范吐蕃军队的突然袭击，防止吐蕃从藏桂出发，东扰于阗，西逼疏勒。

吐蕃与西域交通的内容，在9世纪及其以后的阿拉伯文献中也能看到。其中，成书时间比较早的《中国印度见闻录》（成书于9世纪中叶至10世纪初）在"关于印度、中国及其国王的情况"一节中写道，在中国的西部，是突厥人的九姓回纥部落和吐蕃人的可汗（qaghan）部落，可汗部落和突厥人的国家接壤。这一记叙和《通典·边防》记载的吐蕃论钦陵所说的话极为相符，论钦陵在万岁通天二年（697）对唐使郭元振说："突厥俟斤所属各部，驻扎在吐蕃的边境，吐蕃与突厥俟斤之间的屏障，只有一片沙碛相隔，突厥骑兵急速行军的话，十天左右就可以到达吐蕃王廷。"

第二章　吐蕃与丝路交通

另一阿拉伯文献《记述的装饰》有同样的描述（成书于10世纪？）：说去吐蕃的道路，那是从和阗去阿拉善（？），而且是顺着和阗的丛山走……顺着这些山可到阿拉善。向前走是一座桥，从山的这边搭向另一边，据说，桥是和阗人在古时候修建的。山从这座桥一直绵延到吐蕃可汗的都城。走近这座山的时候，山上的空气使人喘不过气来，因为没法呼吸，说话也变得困难了，许多人就因此丧命，吐蕃人把这座山叫"毒山"。

这条由于阗向南到吐蕃的路线，很可能就是16世纪初米儿咱·阿巴·白乞儿通过喀兰兀塔格（karang hutagh）向退摆特（拉达克）逃跑的路线。清代的文献《西藏志》对这条道路记载说，从阿里西北所属的鲁都克城，行十五日可到叶尔羌，有两条路可以到达。克勒底雅在藏正北，叶尔羌在藏西北。

事实证明，新藏公路叶城到阿里的路线，比于阗直接向南的路线要安全好走，也比通过上述普鲁的路线易于通行。新中国成立初期，进驻和田的中国人民解放军，为了开辟通向藏北阿里的路线，曾从和田普鲁向南经过苏巴什、阿旦帕下、吾拉因伯克，然后进入界山，经杜孟、札关得拉，沿班公湖畔到西藏的日土县。这次探察路线的小分队，从1951

年 7 月 28 日出发，沿途在高寒缺氧、渺无人烟的极端困难情况下，历尽千辛万苦，至 9 月 20 日进入日土县，共用了 53 天。在 10 月 7 日返回新疆途中，经善和，翻越界山达坂，通过铁隆滩、泉水沟、盐池、大红柳滩和桑株达坂，终于在 11 月初胜利抵达新疆皮山县的桑株镇。这两条路线虽然气候并没有太大的差异，但后者距离短、险阻少，除了桑株达坂常年积雪通过比较困难外，其余道路都比较平坦，而且每站都有水草。

叶城到阿里沿线的考古遗迹

沟通吐蕃和于阗之间的交通路线也被考古资料所证实。在新疆和田地区皮山县桑株巴扎西南 26 公里的桑株河谷中，有一处凿在河谷东岸巨大岩石上的岩画，岩画后面是山崖，下面临近河谷，前面有小道和水渠环绕而过。岩画高 3.3 米，宽 1.3 米，上面描绘的是一个狩猎的场面，现在还可以清晰地看到手中拿着兵器的人物和山羊和黄羊等动物的形象。历史上，桑株河谷一直是南通西藏、印度和克什米尔地区的便捷之地。近年来在新疆和田皮山县南和西南的昆仑山崖，沿着苏勒阿孜河和康阿孜河谷地带也发现一批岩画。

在靠近新疆的日土县塔康巴同样发现十余组岩画，其中的大多数画面比较大,发现有多达数百个图像,以人物形象为主,包括有狩猎人、牧人、武士、行走者、舞者和可能是巫师的形象,还有一些人兽一体的神灵形象,动物形象有岩羊、羚羊、鹿、马、牦牛、驴等,其中牦牛、羊、鹿发现得较多。日土县的塔康巴发现的岩画,与新疆桑株河谷等地发现的岩画在分布场所、雕刻风格、绘画技巧等方面有许多共同点,其时代大致应该相当,推测可能是当时的人们在迁徙的过程中留下来的。在西域和藏西之间的拉达克也发现了和上述岩画风格特征相似的岩画,画面内容有简单的人物和动物图案,还有石刻的藏文文字等。藏文文字中甚至出现"论"、"东本"等字样。我们知道"论"是吐蕃时期的一种官职名称,"东本"的意思是千夫长,是吐蕃军队中的一级官职。这些带有吐蕃色彩的文字和图像资料说明,吐蕃人在这里有过活动。

这些具有相似风格的岩画在新疆叶城的达布达布、布仑木沙、普萨等地及西藏等地还发现有很多。岩画的作图方式都是采用尖利的石块或是金属器在岩石表面刻凿出阴线图案,早期多表现动物狩猎的场面,晚期多出现佛塔、佛像等画面内容。学者们对这一线的岩画进行了分期,上限可以追溯到距今7000年,下限可达吐蕃时期,这说明在西域与吐蕃之间官道开通之前，西藏与新疆地区就已经有了互动。

吐蕃—于阗道上的文化互动

除了军旅往来以外，一些宗教、文化交流也沿着"吐蕃—于阗道"展开。早在唐代以前，古代波斯的宗教就沿着这条道路从中亚传入西藏。到了唐代，交流就变得更加频繁。

松赞干布时，吐蕃建造大昭寺和小昭寺，于阗、吐火罗等国的工匠参与了设计和施工。修建昌珠寺时，于阗工匠也参与了设计和修建。在修建桑耶寺时，吐蕃召来的能工巧匠中同样有来自印度、于阗等地的人，据称寺中三个大殿中所雕塑的佛像，就是以汉人、于阗人、印度人的形象为主，这种设计似乎是为了纪念当年修建这些建筑的伟大工匠。据说赤德松赞建造的九层噶琼寺，寺院的第一层采用的是藏式建筑风格；第二、三层是按照于阗风格修建的；第四、五、六层由来自白曲的汉族工匠按照汉地风格建造；第七、八、九层则是由印度工匠师按照印度风格修建的。

吐蕃的建筑风格受到于阗的影响，在藏族古典文史名著《拔协》中有生动的描述。该书说，吐蕃赞普热巴巾在乌香多为自己建立了一座称作白麦札西格培的佛寺，佛寺有九层，工匠是从于阗等地招募的。当时热巴巾还听说居住在于

第二章 吐蕃与丝路交通

大昭寺金顶

阗喜热木波的一位工匠师擅长细石工艺，便将一只装在铁笼子里面的獐子送给于阗国王，并捎去口信，要求于阗国王把这位工匠送来，如果于阗国王不送的话，就派骑兵攻打于阗国。后来，工匠和他的三个儿子一道来到了吐蕃。所以说，吐蕃的很多建筑都融汇了于阗的建筑风格，是多元文化交流之下的时代产物。意大利学者杜齐在论述西藏佛教艺术时说，在西藏寺院里见到的若干塑像上，可以观察到印度沙西文化（shahi）的影响，及来自泥婆罗或于阗的某些早期影响。

学者们研究，"吐蕃—于阗道"上进行的交流，并不仅仅只发生在唐代。举个例子来说，清代今巴控克什米尔地区的希格尔统治者,其王号为"阿摩支"(amacha)。这一称号的渊源,当地学者阿巴斯·加兹米认为:amacha 一名可能同 7 世纪时统治于阗的 amacha 王族有关,该王族与当时的大小勃律关系密切,互相支持并通婚,后来双方均为吐蕃治下的属国。"阿摩支",原文作 amaca,源于梵文 amātya,意思是大臣、辅相。《册府元龟·外臣部》和《新唐书·西域传》都记载,"阿摩支"是作为于阗王和疏勒王的称号应用的。文献表明,"阿摩支"这个称号在吐蕃统治于阗时期仍然存在,而且冠此称号者,仍是于阗王族姓氏"尉迟",甚至也有用于吐蕃官吏的情况。

清代克什米尔希格尔王公的"阿摩支"称号,究竟是使用了藏语—巴尔蒂语中自吐蕃时期已有的称号,还是后来从于阗地区重新输入的,已不可知;但这个词到清代仍在希格尔地区沿用,至少说明通过"吐蕃—于阗道"进行文化传播的影响有多么深远。

第四节　吐蕃—勃律道

从7世纪末到9世纪中叶，吐蕃曾致力于经营一条经由大、小勃律，过护密，东到四镇，西抵吐火罗的通道。这条通道中的一部分，和僧人"求法中道"的路线相重合。吐蕃经过大、小勃律，架设藤桥，修筑城堡，向北连接护密道，这一举动对从青藏高原经克什米尔、帕米尔去中亚的交通，起到了巨大的促进作用。吐蕃利用这条道路，除了和唐朝争夺安西四镇及帕米尔地区之外，同时还加强了与西域各族的政治、经济和文化联系。

7世纪60—90年代，吐蕃和唐朝在西域进行了多次争夺，从史料记载上看，当时吐蕃人进出西域几乎总是出现在西域南部，因此可以这样说，在吐蕃征服勃律之前，吐蕃和西域之间的联系，多由于阗南山进出西域来完成。

吐蕃军队由于阗南山进出西域的情况，到7世纪末8世纪初发生了一个很大的变化。武则天长寿元年（692），武威道大总管王孝杰大破吐蕃，收复了被吐蕃占领的龟兹、于阗、疏勒、碎叶四镇，此后又在龟兹设置安西都护府，并留下三万士兵驻守。当时于阗东面有兰城和坎城两个守捉城，西面有葱岭守捉城，并设置有胡弩、固城、吉良三镇，此外还有于阗周边的且末镇和皮山镇等。唐朝在西域的军力部署，使吐蕃想通过于阗道进入西域已经变得非常困难，于是千方百计寻找新的路径。

吐蕃—勃律道的开通与唐蕃争夺

唐朝在于阗军事力量的加强，使吐蕃经过于阗道进入西域变得很困难，吐蕃就将目光聚焦在了吐蕃至勃律这条道上，为了打通这条通道，吐蕃首先必须征服的就是大、小勃律。开元十年（722）九月，吐蕃进攻小勃律国，攻克了小勃律国所属的九座小城。小勃律抵挡不住吐蕃的进攻，其王没谨忙向北庭节度使张孝嵩求救，说"勃律是唐朝西边的门户，如果勃律灭亡，那么西域诸国将被吐蕃所驱使，望都护迅速派兵救援勃律"。张孝嵩收到没谨忙求救的消息，马上派遣疏勒副使张思礼率领步骑四千昼夜奔驰，救援小勃律，唐军和小勃律军队左右夹击，大破吐蕃，获得铁仗、马、羊无数，收复了小勃律国失守的九座城池。唐朝于是在小勃律设置绥远军，以抵抗吐蕃。此后数年，吐蕃不敢犯边。

开元二十二年（734），吐蕃嫁公主给突骑施可汗苏禄为妻，两国建立了友好的甥舅关系。双方的联合，使唐朝在天山以北地区的防御压力大大增加。同年，吐蕃在攻破大勃律后，接着又开始进攻小勃律，小勃律遣使向唐告急，玄宗令吐蕃罢兵，但是吐蕃根本就不理会，最后攻破了小勃律国，小勃律国王苏失利归附吐蕃。

吐蕃占领小勃律后，嫁公主给小勃律王苏失利为妻，进一步加强对小勃律的控制。受小勃律附蕃的影响，西北二十余国均为吐蕃所控制，与唐朝断绝交通。小勃律作为唐朝的西大门，和碎叶的地理位置一样，对安西四镇的存亡以及唐朝在葱岭以西地区的统治有着举足轻重的作用。小勃律的失守不仅阻隔了唐朝和葱岭以西的中亚各国的交往，而且对安西四镇也构成了直接的威胁。

天宝六载（747），唐朝展开了收复勃律地区的行动。以安西副都护高仙芝为行营节度使，率兵讨伐小勃律。高仙芝遣将军席元庆率千骑先去会见小勃律王苏失利，声称要借道去大勃律，高仙芝自己率一万余骑，从拔换、疏勒出发，入葱岭，涉播密川，经过百余日，到特勒满川。然后兵分三路，由疏勒守捉使赵崇玼率骑兵三千，由北谷道入，拔换守捉使贾崇瓘率另一路由赤佛堂道入，高仙芝本人与监军边令诚从护密国入，三路兵马分头齐进，计划在七月十三日到达吐蕃重镇连云堡。

连云堡当时驻扎着吐蕃士兵上万人，对于唐军的突然到来，吐蕃士兵大惊，仓促组织力量抵抗。仙芝以郎将高陵李嗣业为陌刀将，进攻之前，仙芝对嗣业说："日中之前，必须攻破连云堡。"嗣业领命后，不敢有丝毫懈怠，手举一面旗帜，带领陌刀队从险要的地方登城，与吐蕃争战，最终攻克了连云堡，斩杀吐蕃士兵五千级，俘虏千人，其余的都溃逃了。这时，边令诚带领的一路兵马已经深入到勃律境内，边令诚不敢继续前行，仙芝就让他带领兵士三千驻守已攻克的城堡，自己带兵继续深入。

高仙芝一队人马经过三日急速行军，很快到达坦驹岭，下峻岭四十余里，前面就是阿弩越城。仙芝担心士兵害怕这里地形险要，不敢下去，所以不急着攻城，先让士兵穿上吐蕃的衣服，扮作阿弩越城的守者来投降唐军，说阿弩越城守军一心归唐，把城外娑夷水上的藤桥砍断了。唐军士兵听到这个消息，非常兴奋，心想不用与吐蕃守军激烈战斗了，于是顺利走下了坦驹岭。又过了三日，阿弩越城的守军被唐军的军威所震慑，果真派士兵前来迎接，次日仙芝就带军进入阿弩越城。

之前仙芝派遣将军席元庆带千人借道小勃律先行，仙芝曾对元庆说："小勃律的君臣听到唐军到来，一定会逃往山谷，你要拿缯帛等物品赏赐给他们，他们才会出来，等他们一出来，全部绑缚了等待我的到来，特别是城中有五六个酋长，都是吐蕃的心腹，一定不能让他们逃走。"果然，元庆率军一到，小勃律国上至国王、下至百姓，都逃到山里。元庆就按照仙芝说的办法以缯帛为诱饵，绑缚了小勃律诸位大臣。唯独小勃律王和吐蕃公主逃到石窟中，唐军没有找到。仙芝率大军到了小勃律后，诱斩了亲附吐蕃的小勃律首领五六人，立即派人砍断进入小勃律的婆夷桥。傍晚时，吐蕃援兵赶到，因婆夷桥已断，吐蕃士兵只能望桥兴叹。仙芝最后招降了小勃律王苏失利和他的吐蕃妻子，平定了小勃律。于是西域诸胡都被震动，前来归附。八月，高仙芝执小勃律王和吐蕃公主回师。九月返回连云堡，与边令诚军会合。月末时，行进到播密川，遣使向京师奏报战况。

收复小勃律之后，唐玄宗在此置归仁军，招募千人镇守，并免去小勃律王苏失利的死罪，授予他右威卫将军，赐紫袍、金带，让他留宿京师。早在 713 年唐玄宗就曾在小勃律设绥远军，但没有派兵镇守，这次收复之后，唐朝的军事力量进一步向西延伸，对唐朝稳定葱岭地区的形势，防止吐蕃势力的进入，起到了积极的作用。

天宝十二载（753），安西节度使封常清再次出兵，讨伐小勃律东南的大勃律国。唐军进到贺萨劳城，进展顺利，常清准备乘胜追击，斥候府果毅段秀实对常清说："勃律国兵力弱小而向北退却，一定是在引诱我军进入埋伏圈，请求将军允许我带兵搜查左右山林。"常清采纳了段秀实的建议，果然发现是大勃律国的诡计，于是派兵击之，大破其国。至此，唐朝控制了大、小勃律地区，在与吐蕃争夺大、小勃律的斗争中占据了上风。

"吐蕃—勃律道"的关隘和走向

大约在七八世纪之交，吐蕃出现在帕米尔地区，该地以南的大、小勃律已被吐蕃所控制。当时，从吐蕃经羊同去大、小勃律，再抵达帕米尔，这条道路大致的走向和途经的关隘是这样子的：

大、小勃律。大勃律西北接小勃律，东南接今拉达克。慧超的《往五天竺国传》说，从迦叶弥罗（克什米尔）国东

第二章 吐蕃与丝路交通

北，翻越十五日的山路，就到了大勃律国。当时唐朝加强了驻扎西域的镇兵，吐蕃为了能够进出四镇，积极经略一条由大勃律、小勃律，进入护密的道路。大、小勃律之间的交通路线，《旧唐书·高仙芝传》中有提及，说当时唐军到达孽多城，对小勃律王说："我们不取你的王城，也不砍断桥梁，只是想借道贵国到大勃律去。"

藤桥。藤桥地处大、小勃律之间，距离小勃律王城约六十里，桥的长度如同射出一支箭的距离，吐蕃占据大勃律之后，花费了一年时间才建成此桥。吐蕃修建此桥的目的，就是为了打通通往四镇的道路。为了减少修桥的阻力，当初吐蕃就曾对小勃律国王说，我们只是借道去西域。事实上最后吐蕃不仅修成了桥，还控制了小勃律。这类藤桥，似乎就是汉唐史书中所称的悬渡。

唐朝为了阻断吐蕃从西面进攻四镇，努力使小勃律脱离吐蕃的控制，于是派出大军远征小勃律。唐军在攻克孽多城后，毁掉了娑夷水上的藤桥，赶来救援的吐蕃大军，不能渡河，只能隔河兴叹。据此推测，吐蕃援军应当是驻扎在大勃律的，距离小勃律三百里，约合现在的二百三十里，骑马约需走一天的路程。所以《旧唐书·高仙芝传》说，吐蕃兵马到傍晚时分，才到达娑夷水对岸。

孽多城。"孽多城"地处一个四面环山的盆地中,盆地比较宽广,地势较为平坦。《新唐书·西域传》说,小勃律王居住在孽多城,靠近娑夷水。孽多城附近多山,《旧唐书·高仙芝传》说,唐军破孽多城时,小勃律王和吐蕃公主逃进山里的石窟,怎么也找不出来。

吉尔吉特的藏式建筑——罕萨王宫(引自《中国国家地理》2010年第7期)

阿弩越城。《旧唐书·高仙芝传》中说,唐军到达坦驹岭,高仙芝对部下说,如果阿弩越胡能来迎接我们,就说明他们是真心欢迎我们。下岭三日后,阿弩越胡果然前来迎接。第二天,仙芝就带领士兵到了阿弩越城。从阿弩越城到孽多城,大约需要一天的行程,路途中会经过娑夷水支流。阿弩越城是孽多城去坦驹岭的中转站,城中的居民被称为阿弩越胡。根据斯坦因的解释,"阿弩越"就是吉尔吉特人称亚辛为"阿尔尼雅",或"阿尔尼阿赫德"的译音。

第二章 吐蕃与丝路交通

坦驹岭。兴都库什山的一个山口，斯坦因说当地人称为"达尔科特"（darkot），从妫水上游的巴洛吉尔、马斯杜日河到雅辛山谷，坦驹岭是唯一实际可以通行的大路。由此岭到阿弩越城，需要四天的路程，途中道路艰险。《旧唐书·高仙芝传》描述道：唐军到了坦驹岭，兵士们看着险峻的山岭，不肯往前走，嘀咕道："大使（高仙芝）将带我们去什么地方？"语气中透出深深的顾虑。斯坦因曾登上这座海拔高4694米的山口，目睹了从山口直下到雅辛山谷深约1829米的达坂，想必当时也倒抽了一口凉气。

连云堡。《旧唐书·高仙芝传》中说连云堡中有吐蕃士兵千人，城南十五里的栅栏，有士兵八九千人。连云堡的下面是婆勒川，涨水时水位升高，人不能渡。《新唐书·小勃律传》说，小勃律北面五百里就是护密的娑勒城，"娑勒城"也称为"婆勒城"，连云堡就在此城附近，看来连云堡距离娑勒城不远。《旧唐书·高仙芝传》又说，唐军攻克连云堡后，仙芝留下三千余老弱残兵，由边令诚率领驻守，仙芝继续率军前进。三天后，进军到坦驹岭，那么连云堡到坦驹岭需要三天的路程。连云堡遗址，据斯坦因考察就是今萨尔哈德（阿富汗东北）一个叫坎西尔（kahsir）的古堡，它的北面和东面都是无法通行的悬崖，仅西面和南面留有城墙遗址，古堡下面就是瓦罕河。

把勃律道上的这些地名或关隘连接起来,就可以确定出吐蕃出大勃律,经过小勃律,进入护密的道路。护密,即今阿富汗的瓦汗,是吐蕃—勃律道上的一个重要的地点。高宗显庆年间(656—661),唐朝在护密设鸟飞州,护密王沙钵罗颉利发任刺史。由于护密位于四镇通往吐火罗的道上,一度被吐蕃所控制。

护密所临的这条由四镇通向吐火罗(今阿富汗北境)的道路,就是《释迦方志》中说的西行僧人的求法中道。唐贞观年间玄奘曾经此道归国,开元初年慧超也经此返回安西。这条道路西抵吐火罗,东到四镇,南通小勃律、大勃律,是吐蕃进入西域的理想路线。法国汉学家沙畹在评价唐朝于728—745年间册封西域诸国时的情况指出,唐朝想要维持与箇失密、乌苌、罽宾、谢䫻等国之间的交通,最重要的是应维持从护密和小勃律通往各个国家的道路。

在7世纪末到8世纪中期,吐蕃曾致力于经营这条经大勃律、小勃律入护密,再东到四镇的道路,由此道抵四镇虽然路途遥远,但在唐朝四镇驻兵强大、吐谷浑道易受阻击的情况下,吐蕃军队走这条通道,相对来说要安全得多。

吐蕃在护密、小勃律一带经营通道的情况,波斯文地理书《世界境域志》有记述。第26章"关于河中诸边境地区及其城镇"第 15 节说：哈姆达德（khamdadh）有瓦汗人的偶像寺，寺中发现有少数吐蕃人，它的左边有一个城堡，为吐蕃人所占据。英国学者密诺尔斯进一步解释道：哈姆达德就是昏驮多城（kandud），在今阿富汗瓦汗地区伊什卡什姆以东五十英里处，本节中所说城堡的故址在此城对面。这里又提到吐蕃人的城堡，看来吐蕃人在护密的据点不止一处。《世界境域志》中说："撒马尔罕达克，是一个大村庄，里面住着印度人、吐蕃人、瓦罕人以及穆斯林；安德拉思是一个城镇，其中住有吐蕃人和印度人，从其地到克什米尔有两天的旅程。"撒马尔罕达克很可能就是今天的萨尔哈德（sarhadd），也在瓦汗地区；安德拉思似指去克什米尔路上的 drās。上述情况，同汉文史料记载吐蕃在连云堡及附近山寨中驻有近万军队的说法，可以相互印证。

吐蕃出小勃律后，从连云堡往东，通过护密道进入四镇的路线，就是阿富汗著名的瓦罕走廊，这条通道直抵我国的新疆。目前虽然没有文献说明吐蕃在这一条路线上有活动，但是慧超在开元十五年（727）从护密国经播蜜（帕米尔）到葱岭镇时，虽然知道这里属于唐朝的管辖范围，但他也了解到这里是"旧日王裴星的国境，为王背叛，走投吐蕃"，说明吐蕃以前曾在此活动。也就是说，在唐设葱岭守捉（开元初）

以前，吐蕃军队就从护密道东来，由此奔赴四镇。唐设葱岭镇以后，吐蕃由此进入四镇的交通一度受阻，开元二十二年至二十四年间（734—736），有突骑施使者计划携带什物，越葱岭到吐蕃，被唐守捉军擒获，就说明了这种情况。

吐蕃出小勃律，从连云堡往西到吐火罗的情况，《世界境域志》在第 26 节第 12 条提到，吐火罗通往箇失密的路上有一处地方被称作"吐蕃之门"（dar I tubbat），具体位置在今阿富汗巴达赫尚省首府法扎巴德南面的巴拉克附近，这一记载说明，吐蕃人的足迹已经从东面延伸到了这里。

吐蕃—勃律道上的文化交流

吐蕃在这条道路上与外界的往来，零星出现在汉藏文献中。《敦煌本吐蕃历史文书·大事纪年》第 72 条说：鸡年（721），上部地方的使者前来吐蕃王廷致礼；第 105 条又提到，猴年（756）上部地方的黑邦瑕、廓、识匿等派使者前来致礼。这里所说的上部地方，包括黑邦瑕（ban vjag nag po）、廓（gog）、识匿（shig nig）等小国在内。ban vjag nag po，可比定为今巴控克什米尔吉尔吉特河与印度河交汇的 Bun ji；gog 可与巴基斯坦西北边境省基德拉尔县的 khostan 勘同；而 shig nig 的位置当在今阿富汗巴达赫尚省的 Seghnān。这些从

第二章 吐蕃与丝路交通

北面与护密紧邻的小国纷纷派使者到吐蕃，经过勃律道往返，无疑是最便捷的。

《敦煌本吐蕃历史文书》还记载了吐蕃和中亚大食、突骑施等政权经过此道的交往。《大事纪年》记载：猴年（732）夏天，吐蕃赞普停驻在巴局的丁丁塘，唐朝使者李京，大食与突骑施的使者，都前来赞普王廷致礼。"大食"（ta zig），是指已经东进到中亚的阿拉伯帝国。8世纪初，白衣大食（哈里发王朝，660—749）的军队在呼罗珊总督屈底波的率领下，攻占了今楚河以南、帕米尔以西的中亚地区，并不时与吐蕃联合，企图攻夺唐朝的安西四镇，所以双方时有使臣往来。

《大事纪年》又说，猴年（744）夏天，吐蕃赞普巡视到达北方后返回，牙帐设在逻册尔，唐朝使者张员外、突骑施使者前来致礼。汉、藏文史书都记载了吐蕃嫁公主给突骑施可汗（734）的事件。在这些活动中，双方人员可能都是通过勃律道往返的，因为在唐朝四镇驻兵强大的情况下，双方人员绕道勃律、护密等地要相对安全一些。这也表明，即使在唐朝设立葱岭守捉期间，吐蕃还是经由小勃律、护密等地，避开守捉，在伊丽水、碎叶川一带活动。

唐玄宗天宝十四载"安史之乱"以后，吐蕃攻占了河陇和帕米尔地区，从吐蕃本土经由小勃律、护密通往中亚的交通变得更加频繁。在拉达克德兰茨发现的粟特文铭文说："210年，来自撒马尔汗的诺斯凡作为大使，向吐蕃可汗致礼。"这里的"210年"，就是825年4月至826年4月之间。可见，吐蕃利用勃律道加强与西域各族的联系，前后有一百多年的时间。

吐蕃在控制这条道路期间，有不少的僧侣、商人也往返其间。《东都圣善寺无畏三藏碑》记载，善无畏从中天竺出发到迦湿弥罗国，该国即箇失密，今天的克什米尔；又到位于今印度河上游的斯瓦特（swat）的乌苌国，在突厥可汗王廷开讲《毗卢经》。后同商队一起经过护密，去西州。这时，一伙强盗出来抢劫，随行的商旅们都被吓得默不作声，善无畏面不改色，用自己平生所学的佛教义理向劫匪说教，劫匪听完后深受感触，纷纷请罪，商旅们才得以脱险。后来，善无畏用骆驼背负经书到了西州，唐睿宗特诏将军史献等出玉门塞迎接。开元初年，善无畏到长安。从这些地名，可以看出善无畏的东行路线是：中印度—迦湿弥罗—乌苌—突厥—吐蕃（驻护密者）—西州—长安。换句话讲，善无畏东行的道路大致是《释迦方志》中所讲的"中道"。

基督教徒、祆教徒等也通过勃律道来到中国，《世界境域志》中说，在唐朝控制的西域东部有一些村子，其中一个叫

莫高窟 45 窟南壁，观音普门品之胡商遇盗（吴健摄，敦煌研究院提供）

"伯克·特勤"的，住有五个粟特人，还有基督徒、祆教徒和不信教的人。另外，人们在拉达克夏约克河谷的章孜地方发现了三个有十字架的碑刻，在下拉达克朵噶尔地方的岩石上也发现有类似耶稣受难形象的十字架，下面还有藏文猪年的字样。意大利藏学家图齐认为，这些鸽子形的十字架是基督教进入吐蕃的证据。《世界境域志》也说，拉萨（Lhàsā）是一个小城镇，有大批的偶像神殿和一座穆斯林清真寺，清真寺里住有少数穆斯林。

吐蕃利用这条东抵四镇西赴吐火罗的通道，除了政治、军事目的外，还有经济、贸易上的需要。若以护密为中点，吐蕃向东可进兵联络突厥、突骑施等，与唐朝争夺安西四镇，向西则可抵达吐火罗等中亚诸国，与它们进行经贸活动。这种经贸活动被记录在《世界境域志》中，大意是说：从吐蕃运到巴达赫尚的商品，除西方人喜欢的麝香以外，还有绵羊、布匹等；另一方面，吐蕃人从今撒马尔罕、布哈拉等地直接或间接地输入了细锁子甲和长剑等钢铁制品，以及吐蕃告身标志中经常要用到的瑟瑟、鍮石等。

近年在巴尔蒂斯坦发现的一段古藏文石刻，反映了吐蕃经略大、小勃律交通的重要性。这段古藏文石刻长 180.34 厘米，宽 20.32 厘米，厚 12.7 厘米。从内容上看，这是一件碑刻的最下面部分。长条形的石刻上部有明显的用錾子凿断的痕迹，它原来应该是一通宽约 2 米、高 2 米以上的大型石碑，

巴基斯坦斯卡杜县发现的古藏文碑刻（引自《中国藏学》2010 年第 4 期）

是被人有意凿断的。

现存的长条形石刻上有三行文字,第一行仅残存几个字,无法辨读。第二行文字为:"……使其不坏而保养和爱护,在现证菩提的供祭之时,供祭的顺缘(物品)也由各家各户奉献。现证菩提的神佛画像和记事文书也一并写造成一册放置。如是此等。"第三行文字为:"……仆人等。如是,因此功德,祈愿天神赞普圣寿绵长,国政广大,最终证得无上果位,对我等以共同信仰养育……成就无上佛陀!"

石刻第三行文字中"祈愿天神赞普圣寿绵长,国政广大"这一吐蕃王朝文献中常用的习语,说明这一碑刻的年代应该是这几位赞普在位的时期,即8世纪中叶到9世纪中叶吐蕃统治巴尔蒂斯坦时期。这一发现,再一次证明巴尔蒂斯坦即大、小勃律地区,是从吐蕃去往中亚的重要通道,也是佛教北传的重要通道。

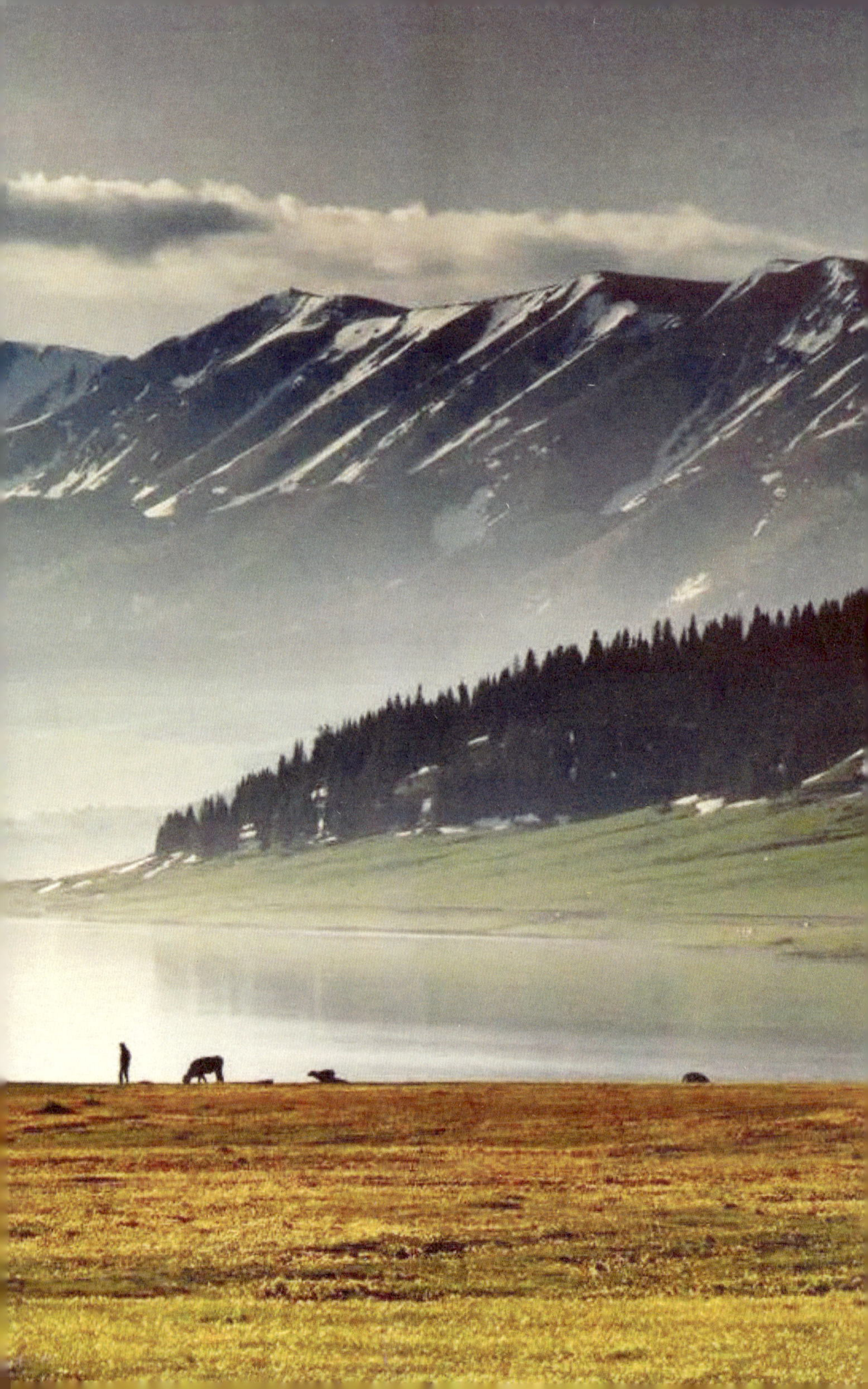

第三章

自贞观八年（634），吐蕃赞普松赞干布遣使到长安，吐蕃和唐朝之间的正式交往拉开了序幕。刚刚建立政权的吐蕃王朝，正处于发展时期，开始广泛吸收周边先进的文化，以丰富和发展自身。松赞干布时，就从东方唐朝和党项处，输入工艺和历算的各种书籍；从南方的天竺，翻译了佛教的各种经典；从西边的粟特和泥婆罗，开启了享用饮食财物的宝库；从北方突厥，借鉴和学习了各种法律制度。

丝绸之路上的蕃汉文化交流

第一节　传入吐蕃的丝绸

2005年,在西藏阿里噶尔县门土乡古如甲木寺的旁边,一辆载重汽车经过时压塌了一段路面,当人们对压塌的洞穴进行清理时,发现了丝织品等珍贵文物,证实这是一座古墓。2012年,中国社会科学院考古研究所与西藏自治区文物研究所联合对该处墓葬进行清理,在编号为M1的棺木中发现了大批丝绸,其中一件"王侯"文鸟兽纹锦上,自下而上构成三组循环纹样。下层为波状纹饰,每个波曲里面饰一组对鸟,波曲间饰背对的鸟首状纹饰,波曲顶部有支撑柱状图案,将中层分割为数个单元,每个单元内围绕中心的神树对称分布朱雀和白虎,四角对称分布青龙和玄武,四神之间可见汉字"王侯"及镜像反字。最上面以神树为对称轴,饰以背对而立的虎状有翼神兽,尾部放置一件汉式鼎,旁边写着汉字"宜"。这种带有"王侯"及反字的织物,被认为是汉晋时期的中原官服作坊织造、赐予地方藩属王侯的标志性物品，纹锦上的四神图案也来自中原。墓中出土的丝织品是西藏考古的首次发现，是青藏高原发现的最早的丝绸实物。

阿里噶尔县发现的王侯文鸟兽纹锦（大西北网，2015—04—28）

吐蕃丝绸的来源

有学者曾撰文指出，由于地理、气候等自然因素，中原种桑、养蚕和缲丝等技术始终没有传入吐蕃，后者一直依靠唐朝的馈赠、贸易，或者通过战争手段去掠夺这种纺织品。这个提法从文献记载和目前的考古发现来看，应该没有什么问题。高宗继位后，松赞干布很快致书表示拥护，并进献十五种金银财宝于太宗陵前，高宗对松赞干布给予了嘉奖，进封赞普为"賓王"，赏赐给他杂彩三千段。松赞干布同时还请求学习中原的种蚕及造酒、碾、硙、纸、墨技术等，高宗也一并许给。这里要说的是，吐蕃虽然获得了蚕种，但是正像上面所说，事实上并没有在吐蕃当地养蚕成功。

传为唐朝著名画家阎立本所绘《步辇图》上，画有吐蕃使臣禄东赞前往长安迎请文成公主入藏的场面,禄东赞身穿圆领长袍,长袍的朱地上饰有联珠立鸟纹样。沈从文先生将这件长袍称为"小袖花锦袍",认为长袍应是蜀地织造的"蕃客锦袍",是由唐代成都织锦工人织造的贡品。有学者甚至认为,这种袍子是唐朝政府将其作为特殊礼品,专门赠予远来长安的使臣,或馈赠给唐朝认为最尊贵的客人。

既然吐蕃自己不能织造丝绸,那么吐蕃主要是通过什么途径获取丝绸的呢?根据文献记载,金城公主入藏时,中宗念其年幼,特别赏赐给她锦缯数万,杂伎诸工若干,让她带到吐蕃。玄宗开元七年(719),吐蕃使者来到长安,玄宗除了设宴款待,还赏赐给吐蕃王室成员和达官显贵众多的丝织物:赞普杂彩二千段,赞普祖母五百段,赞普母亲四百段,可敦(王后)二百段,其他吐蕃重臣,如大将军、大首领均有封赐。类似的封赐在文献中有多次记载,如开元十八年(730),吐蕃

传为唐阎立本所绘《步辇图》(局部)

重臣名悉腊到长安，玄宗赏赐给他紫袍金带及鱼带，附带缯彩等。开元二十一年（733）正月，唐工部尚书李暠出使吐蕃时，曾携带国信物一万匹、私觌物两千匹，皆杂以五彩。所以说，通过中原的赏赐获得汉地的丝绸，是吐蕃丝绸较为重要的来源之一。

另一方面，吐蕃竭力通过战争来获得唐朝的丝绸绢帛等。《敦煌本吐蕃历史文书·赞普传记》中记载，当吐蕃知道唐朝把大量的财宝储藏在瓜州时，便倾其全力攻陷之，最后把这些财宝收入囊中，甚至连吐蕃普通百姓都分享到了这些战利品，这里的财宝主要就是丝绸。有时吐蕃还趁着唐朝内乱之机，向唐索取丝绸绢缯，唐朝朱泚之乱时，吐蕃借帮助唐朝讨伐叛贼之机，在要求唐朝割地未遂后，得到了唐朝"帛万匹"作为补偿。在今拉萨所立的《达扎路恭纪功碑》中，也提到唐代宗时，以"向蕃地纳赋为不宜"，停止了每年给吐蕃纳绢缯五万匹的岁赋，导致吐蕃不满，将领恩兰·达扎路恭因此兴兵犯唐。

贸易也是吐蕃获得丝绸的重要手段之一。开元年间，吐蕃向唐朝请求交马于赤岭，互市于甘松岭，其中就有丝绸交易的内容。青海都兰吐蕃10号墓中出土有一批古藏文简牍，简牍为墓主的"随葬衣物疏"，其中一支木牍上记有"黄河大帐产之普兴缎面,绿绸里,衣袖镶悉诺涅缎,价值一头母牦牛之缎夹衣一件"。从木牍上的内容观察,这里的"缎夹衣一件"可能是用一头母牦牛换来的。这一方面说明,汉地出产的丝绸绢缯在吐蕃人生活中价值昂贵,同时反映出吐蕃在对外贸易中,存在以物易物的可能。

考古发现的吐蕃丝绸

近些年,青海出土了很多具有中原制造风格的织物,这些织物的出土更加印证了吐蕃丝绸来自中原。1982—1985年间,青海省文物考古研究所在都兰县热水乡发掘吐蕃大墓一处、中小型墓葬20余座,其中出土的丝织品包括锦、绫、罗、缂丝、平纹类织物等,几乎包括了目前已知的唐代所有的丝织品种。青海文物考古工作者统计,这批丝绸中共有残片350余件,不重复图案的品种达130余种,其中112种为中原汉地织造,占品种总数的86%。

1999年7—9月间,北京大学考古文博学院与青海文物考古研究所联合在热水乡又发掘了四座唐代的大、中型吐蕃墓葬。其中的3号墓出土了多件纺织品残件,包括各色纹样的绫、绢、锦、丝织品、麻织品、丝绸等。绫有绿黄色的菱形四瓣小花纹,红色的墨绘花卉纹,红色的连珠纹,带翼卧鹿花卉纹等不同纹样；绢有墨绿色的鹅黄色印花绢，土黄色平纹绢。这次发掘的出土物中，其中的一块丝绸引起了人们的注意，在这块丝绸上写着汉字"黄州"、"黄"等字样。学者认为这可能与丝绸的产地有关系，从地理位置上推测，"黄州"应当是距离青海都兰较近的黄河上游某个汉族聚居区。

甘肃博物馆也收藏有一批唐代的丝织品，年代大致在唐代中期，有学者认为可能来源于青海都兰墓区，应是青海吐蕃墓葬中出土的丝织品。这批织物包括锦、绫、印花绢等，其中有红地中窠小花对鸟纹锦，黄地宝花织锦。香港大学艺术博物馆近年来也从海外收集到几件吐蕃的丝织品，包括连珠纹对马锦、对鸟锦等，织物的风格和题材显示其出自我国西北地区。这些出自青海都兰墓区和西北某地的织物，从其平纹经显花的织造方式、装饰图案题材来看，明显具有唐文化因素。因此，它们很可能是唐代的蜀郡设计和织造，向外销售的"胡式"锦，也就是具有中亚风格的所谓"番锦"。

不仅在我国大陆和香港，在国外也发现有吐蕃丝绸品被收藏，美国一个私人收藏家有一件丝绸做的马鞍织物。这套马鞍织物和一套鎏金银片包饰的木质马鞍相配，马鞍坐垫织物宽66厘米，高52厘米；下鞍部分织物宽49厘米，长70厘米。坐垫织物纹饰的每一单元图案，均由花朵组成联珠纹样作为团窠花环,联珠纹的每一个珠子又都是一朵花朵。团窠纹的中央为含绶带的对鸟纹,所含绶带的中央下垂有三颗宝石,鸟身的颈部饰有联珠条纹,尾部分开有向上翘起的羽毛,双脚站立于棕榈座上,周边的宾花为对称的四蒂十字形花。下鞍织物的纹样外周为一花瓣组成的团窠,中央为带翼的对狮图案,狮子鬃毛直竖,胸部饰有联珠纹样,尾巴上翘,双脚下有一对驴纹。

这种马鞍织物的由来,可以在文献中找到相应的记载。藏文史籍《贤者喜宴》说,文成公主出嫁吐蕃,唐太宗赐予各种宝物,其中就有镶有玉片的黄金马鞍,其绸缎坐垫上面织有八种狮子和鸟的图案,并环饰枝叶宝篆纹。我们不得不惊叹,文献的这种描述与上述实物竟然如此接近!

第三章　丝绸之路上的蕃汉文化交流

马鞍织物，芝加哥私人收藏，上为坐垫，下为障泥（霍巍《一批流散海外的吐蕃文物的初步考察》）

第二节 传入吐蕃的科学技术

从松赞干布时起,中原的科学技术开始传入吐蕃,契机是松赞干布迎娶文成公主。随着文成公主入藏,中原的工艺技术、历算、建筑等大量书籍,及大批技师、工匠被带到吐蕃,这些书籍和工匠在吐蕃手工业发展中起到了很大作用。

唐高宗继位,又将吐蕃所需的植桑养蚕、丝织、造酒、造纸、制墨、制造碾硙的大批工匠,连同有关生产工具一起送给了吐蕃。金城公主入蕃时带来的一些有技艺的人,就是唐朝的"杂技诸工"。另,在战争时期,也有许多匠人通过不同的途径进入吐蕃。这些在不同时期,以不同方式进入吐蕃的工匠,将他们身怀的各种技艺带到吐蕃,这些技艺因此在吐蕃疆域内广为传播,带动吐蕃社会的物质文明和精神文明显著发展。其中,书写工具和纸张在吐蕃社会中起到很大的作用。

第三章　丝绸之路上的蕃汉文化交流

吐蕃人最开始将字写在简牍上，文成公主将中原的造纸技术带到吐蕃之后，各种文书档案、重要作品基本都写在纸上。由于纸张的使用，传入吐蕃的佛教也借力发展，写经业因此变得更加繁荣，写经业的发展反过来又带动了造纸业的发展。据研究，吐蕃造纸的原料是瑞香狼毒、沉香、山茱萸科的灯台树、杜鹃科的野茶花树和故纸等，其中有些原料是吐蕃独有的。

在中原农作物栽培技术的影响下，吐蕃人还学会了翻耕土地、疏松土壤，给庄稼除草施肥、分畦培养等栽培技术，二牛抬杠的耕作技术也在吐蕃流传开来。文成公主带去的植物种子芜青，也得到了广泛种植。吐蕃在占领河陇等农业较为发达的地区后，这些地区的农耕技术同样对吐蕃产生了影响，吐蕃人掌握了不同作物的分类种植和轮作耕种方式，吐蕃农作物的品种更加多样化，配合农业生产的铁质农具得到广泛应用，这进一步减轻了农业生产中人力和畜力的使用。

与此同时，中原的种茶、制茶技术传入了吐蕃，饮茶逐渐成为吐蕃上层人士和寺院僧侣的习俗。藏文史书《汉藏史集》记载了这么一个故事，唐朝初年，松赞干布曾孙都松莽布支患了重病。一天，一只小鸟衔来一根树枝，枝上有几片叶子。国王摘下叶尖放入口中品尝，瞬时觉得清香，加水煮沸,遂成为上好饮料。于是国王派人四处寻找这种树枝,一位最为忠心、聪慧的大臣,终于在汉地的森林中找到这种树枝,它就是茶树。后来,国王又派使臣到唐朝,请来制碗的工匠,用当地的瓷土制成了茶碗,这种茶碗胎薄,色白,光泽极好,于是取名为"兴寿碗"。

吐蕃贵族养成品茶的习惯后,在吐蕃宫廷里,赞普和大臣们常常一边品茶,一边欣赏优美的舞蹈,聆听动人的音乐。大昭寺内至今陈列着一件龙头三弦琴,据说是文成公主入蕃带来的一支乐队遗留下来的弹拨乐器。乐器为木质皮面,通长90厘米,琴把长70厘米,琴的顶端以龙头为雕饰,制作新颖别致。在大昭寺内还有一件装饰有花纹的鼓,据介绍也是入蕃的汉地乐队遗留下来的,鼓的形状为细长形,两端呈圆形,中间呈凹状,形状、纹饰明显与西藏传统乐器不同,应是从中原传入的,有学者说鼓的外观很像唐代鲁山窑黑釉斑纹瓷拍鼓。

当年文成公主进藏时,曾带来一批中原工匠,这些工匠中有一些擅长建筑技术,他们到达吐蕃后,在拉萨修建了小昭寺,还参与修建了大昭寺。大昭寺位于拉萨市的八廓街,在近些年维修主殿时,发现建筑构件中有红砖和蓝砖,这些砖的质地坚硬,工艺制作精良,是迄今为止在西藏见到最早的砖,据说是用当初文成公主进藏时传入的工艺烧造的。大昭寺的主殿还使用了斗拱等建筑技法,这些技法都是汉地所特有的,它的制作和使用具有中原特色。

吐蕃的石刻制作也遗留有中原的风格,有代表性的是赤松德赞时期所立的桑耶寺兴佛证盟碑。碑现存于桑耶寺乌孜大殿外围墙正门外的北墙下,石碑的形制看起来具有汉藏合一的风格,碑的顶部装饰有方形的碑帽和日月宝珠,施盝顶翘角檐盖石,碑体立在整石雕刻而成的仰覆莲花基座之上,碑身上涂有金粉的古藏文镌刻保存基本完好。

当年文物工作者在桑耶寺进行文物普查时,发现遗留下来的砖瓦的建筑材料带有汉地风格。砖有梯形砖、长方形砖等不同形制,一般在砖面上施绿釉,正面浅刻

桑耶寺兴佛证盟碑(李永宪摄)

敦煌古藏文写经（引自国际敦煌学项目网站）

古藏文字母；瓦有板瓦、筒瓦和瓦当等不同种类，瓦当上也施有绿釉，瓦当面上一般印有藏文火印，表示其所在的方位，瓦当上的铭刻内容和砖文上的内容相同。有些板瓦和筒瓦上带有滴水或瓦当，滴水上装饰有乳丁纹、三莲瓣波浪纹，瓦当上装饰有灵塔、大乳丁纹和联珠纹等图案。从砖和瓦当的形制、图案来看，应该是汉地风格影响下的产物。

  特别要提到的是汉地写经对吐蕃的影响。佛教自从传入吐蕃后，随之带来众多的佛教典籍，在僧俗民众和外来僧人的共同参与下，吐蕃开始了大规模的翻译和抄写佛经事业。8世纪，吐蕃占领了唐朝的沙州后，作为东西方文化交汇的敦煌，成为佛经翻译和抄写的集中地。吐蕃统治初期，沙州只有寺院13座（其中尼寺4座），僧众共310人；后来到吐蕃统治瓦解及归义军初期，沙州的寺院增至16座，僧尼达

1000人，人数是初期的3倍以上，这是吐蕃统治时期大兴佛教的结果。

在寺院和僧尼数量迅速增加的基础上，敦煌的写经事业蓬勃发展。当时每所寺院都设有抄写经书的"经坊"，这是根据赞普命令成立的官营组织。经坊一般由寺院的大校阅师、译师主持，各个经坊人数不等，有的仅数人，有的十几人，更多一些的达数十人。写经生有敦煌本地人，包括汉、粟特、吐谷浑和其他民族的人。这些僧俗写经生终日忙碌，遵照赞普的命令长年累月地抄写了大量的佛经，据统计，光《大乘无量寿宗要经》在敦煌就抄写了数千部，一部六百卷的《大般若经》也写了数部，可知敦煌当时写经规模非常巨大。这些抄写好的经卷有的供当地使用，有的被运送到吐蕃本土。

新近在西藏山南隆子县卓卡寺发现的吐蕃时期的《喇蚌

经》，是一批梵夹装贝叶式经页，被确认是吐蕃热巴巾和朗达玛时期的赞普御用经书。其纸张、书写及装订格式，均与敦煌藏文写经《十万般若颂》一致，部分写经、校经人题记与现存敦煌市博物馆和法国国家博物馆藏的敦煌藏文写经完全相同。在同属山南地区的桑白县，吐蕃时期所建的巴郎却康，以及拉萨三大寺之一的哲蚌寺，也保存有同类的写经，可能也是当年从敦煌抄写而流传至此的。

当前有两种观点，一种认为《喇蚌经》是在敦煌抄写好后运到吐蕃供奉给赞普的，另一种认为是敦煌的写经生在拉萨抄写的。无论是哪一种情况，都展示了唐代逻些和敦煌之间的密切关系，反映了吐蕃时期汉藏民族之间的文化交流，以及敦煌在吐蕃历史文化发展中的重要地位。

第三节　传入汉地的吐蕃文化

吐蕃语言在西北的传播

吐蕃攻占河陇之后，特别是唐蕃清水会盟之后，吐蕃对河陇的统治日趋稳定，当地民众曾进入到一个"吐蕃化"时期，出现了汉语向吐蕃语转化的趋向，不仅汉人如此，其他少数民族也不例外。到后来，敦煌一带的民众已经能够流利地读写吐蕃语了。

唐《张司业集》中收有《陇头行》一首：

> 陇头路断人不行，胡骑夜入凉州城。
> 汉兵处处格斗死，一朝尽没陇西地。
> 驱我边人胡中去，散放牛羊食禾黍。
> 去年中国养子孙，今着毡裘学胡语。
> 谁能更使李轻车，收取凉州入汉家。

晚唐诗人司空图的《河湟有感》也写道：

一自萧关起战尘，河湟隔断异乡春。
汉儿尽作胡儿语，却向城头骂汉人。

吐蕃对河陇的统治，客观上迫使汉人和西北各族学习、吸收吐蕃文化。敦煌发现的各种汉藏或藏汉对照字书，就是提供给汉人及其他民族学习藏文用的。据学者考证，现藏于伦敦印度事务部图书馆的藏文音书《汉文阿弥陀经》末尾，有一篇很长的吐蕃文跋文，可看出写经人对汉、藏语言都很精通。在10世纪的一份关于"五姓"算命法的吐蕃文写本中，姓是按五音度进行归类的，而以"五姓"为基础的占卜表，对非汉族或没有一定汉化程度的人是无法使用的，因此它是那些掌握了吐蕃文字的汉人使用的。

现存于河西地区的7至9世纪的古藏文写本（编号共317卷），外部特征完全是吐蕃式的，在写校者的总人数中，其他民族成员占五分之四甚至六分之五，吐蕃人只占很少部分。从民族成分上看，大多数是汉人，也有粟特人、吐谷浑人。当时吐蕃统治下的敦煌大姓如张、曹、索、阴、李氏都加入

第三章　丝绸之路上的蕃汉文化交流

莫高窟第 159 窟东壁,《吐蕃赞普礼佛图》（吴健摄，敦煌研究院提供）

到了写经生的队伍中。从社会阶层上看，参与抄写经卷事业的涉及吐蕃王妃和沙门宰相、敦煌中小官吏、平民、寺院僧人等。

在编号为 S.5284 号文书中，注明写经生属于"行人"、"丝棉"部落。敦煌藏文卷子 P.T.1000、1001 号写经记录中，称写经生出自"悉董萨"（stong sar）、"阿骨萨"（rgod sar）、"悉宁宗"（snying tsom）三个部落，这三个部落都是汉人部落，它们成立的时间都在 820 年以后。出自这三个部落的写经生全是僧尼，所写的经卷大都贡献给"牙通"（gyar thon），另一部分保存于新建的四个寺院中。出自上述这些部落的写经生几乎涵盖了吐蕃统治敦煌时期的各个民族与各个阶层，反映了汉人和其他民族熟练掌握藏文的程度。在敦煌吐蕃文社邑文书 Ch.73.Xiii.18 中，出现了汉姓、吐蕃名的人名，一般可以判断他们为汉人或是早以汉化的周边民族，他们在吐蕃长期的占领下，受其影响，所以使用了吐蕃人名字。

吐蕃习俗对汉地的影响

西北各族在生活习俗方面也受到吐蕃文化的影响。文献记载，吐蕃人有赭面的习俗，这种习俗随着汉藏的交往也传入汉地。

赭面是吐蕃人的一种面饰习俗，最先可能起源于"女国"、"苏毗"等高原游牧部落中，吐蕃时期已流行于青藏高原各地。1999 年发掘青海都兰吐蕃三号墓，2002 年清理青海德令哈市郭里木两座吐蕃墓葬时，都在墓葬中出土的棺板画上发现赭面的实物证据。"安史之乱"后，吐蕃趁机占领了唐朝的河陇地区，推行风俗同化政策，沙州的百姓改穿蕃服，学说蕃语，赭面文身，敦煌莫高窟 231 窟《吐蕃赞普礼佛图》中，就有一个女侍从，手中端着果盘，她的额头、脸颊和鼻梁上都绘有红彩。

吐蕃的赭面习俗一度传播到了远在千里之外的长安地区，

白居易的《时世妆》写道：

> 时世妆，时世妆，出自城中传四方。
> 时世流行无远近，腮不施朱面无粉。
> 乌膏注唇唇似泥，双眉画作八字低。
> 妍媸黑白失本态，妆成尽似含悲啼。
> 圆鬟无鬓堆髻样，斜红不晕赭面状。
> 昔闻被发伊川中，辛有见之知有戎。
> 元和妆梳君记取，髻堆面赭非华风。

吐蕃棺板画上的赭面图像（引自《中国国家地理》2006年第3期）

唐初,青藏高原流行的"波罗"球戏开始传入长安,这种骑在马上以仗击球的运动称为"打球"或"击鞠"。"波罗"是从藏语的线球"波郎"演变而来,波罗球(也称马球)大小如同拳头,用坚韧的木料做成,将中间挖空,外面涂上红色,有的还加上一些装饰品。打球的球仗长数尺,雕饰精美,打球的一端作弯月形。马球戏一般都在球场上举行,场地宽广平滑,也在宽敞的街道上举行。球场的两端设置有球门,只要将球打入门即取胜。打球的人分为两个队伍,骑马进入场地,回旋驰骋,场面精彩。如击中一球,就得一"筹",把筹插在迥门上。隆重的马球比赛,还有龟兹乐伴奏。

除了骑马打球,还有骑驴打球的,不过骑驴打球没有那么激烈,也有步行打球的。《封氏见闻记》说唐太宗常御临安福门,一次对侍臣说:吐蕃人喜欢打球,最近我还派人去学习,并亲自去观看。现在吐蕃人在晟仙楼打球,也请我去观看,我怕造成皇帝提倡打球的误会,就拒绝了。

8世纪末到9世纪,敦煌莫高窟的壁画中开始出现吐蕃舞蹈的场面,吐蕃歌舞乐伎的形象出现在莫高窟第61、144、146等窟中。其中第156窟中的《张议潮统军出行图》上,绘制了排成两行的舞伎,一行穿汉装,一行着吐蕃装,都披

第三章　丝绸之路上的蕃汉文化交流

莫高窟第 156 窟南壁西侧下部,《张议潮统军出行图》乐舞(孙志军摄影,敦煌研究院提供)

着长袍,挥动袖子,载歌载舞,缓缓前行,学者认为这是典型的吐蕃舞蹈。这类表演,在敦煌壁画《宋国河内郡夫人宋氏出行图》中也可以看到,画面为舞者围成方阵,舞动长袖,婆娑起舞,自由舒展,极具吐蕃舞蹈的特点。

而在榆林窟第 25 窟中的壁画上,展示的是另外一种吐蕃舞蹈——鼓舞,画中的一个乐伎系着一个细腰鼓,双手展开,一脚站立,一脚向前提起表演。现存的唐曲中,还有根据吐蕃的乐曲改编而成的《赞普子》。唐代诗人王建的《凉州行》,形象地描绘了汉藏融合的场面,其中就提到了中原人学习吐

丝绸之路与吐蕃文明

蕃音乐的情况：

> 凉州四边沙皓皓，汉家无人开旧道。
> 边头州县尽胡兵，将军别筑防秋城。
> 万里人家皆已没，年年旌节发西京。
> 多来中国收妇女，一半生男为汉语。
> 蕃人旧日不耕犁，相学如今种禾黍。
> 驱羊亦著锦为衣，为惜毡裘防斗时。
> 养蚕缫茧成匹帛，那堪绕帐作旌旗。
> 城头山鸡鸣角角，洛阳家家学胡乐。

第四章

吐蕃文化与内陆文明的交流

7世纪到9世纪，吐蕃先后进出并统治河陇地区，推动了吐蕃与汉族及西北其他民族的交往和联系。与此同时，吐蕃和南亚、中亚的一些国家、民族，在经济、宗教、文化等方面也展开了广泛的交流。这些内陆地区的民族，与吐蕃互通有无，互相学习，形成了各种文化互相交流、互相融合的局面。

第一节　吐蕃与于阗的文化交流

于阗即今天的和田地区，大约东到民丰，西至皮山，就是汉唐地理书中记载的于阗国，据传为古印度阿育王妃生的地乳王子所建。汉通西域后，于阗属于西域都护府管辖；东汉初，为莎车所吞并。汉明帝永平四年（61），贵族广德被立为于阗王；永平十六年（73），司马超到于阗，广德杀匈奴使者降汉。西晋时，于阗与鄯善、焉耆、龟兹、疏勒并为西域大国，于阗统治者曾被封为"亲晋于阗王"。魏晋时期，于阗兼并戎卢、扜弥、渠勒、皮山等国，势力日盛，仍向中原王朝进贡。北魏年间，于阗曾先后被吐谷浑、柔然攻袭，国势渐衰。唐太宗贞观年间，于阗遣子入侍。唐高宗显庆三年（658），设于阗为唐安西四镇之一。

第四章 吐蕃文化与内陆文明的交流

吐蕃进入于阗

吐蕃进入西域约始于 7 世纪中叶，特别是唐高宗龙朔元年（661）以后数年间。麟德二年（665），"疏勒、弓月两国和吐蕃联兵，进攻于阗。唐廷诏西州都督崔知辩及左武卫将军曹继叔率兵救援"。这是汉文文献中吐蕃进攻于阗的早期记录。以后数年间于阗可能仍然受吐蕃控制，《新唐书·吐蕃传》记载，咸亨元年（670），吐蕃"攻占唐西域羁縻十八州，率于阗取龟兹拨换城，于是安西四镇并废"。之后，唐朝联合西域诸国进行反击，吐蕃在西域的攻势有所减弱，于阗王伏阇雄于上元元年（674）十二月来长安，拜见唐朝天子。上元二年正月，唐朝以于阗为毗沙都督府，以尉迟伏阇雄为毗沙都督，分其境为十州，于阗复归唐朝控制。调露元年（679），唐朝复置了包括于阗在内的安西四镇。

武则天垂拱年间（685—688），吐蕃加强了对西域的进攻，迫使唐朝再次放弃了包括于阗在内的安西四镇。武后长寿元年（692），唐朝又收复四镇，同时册立于阗王尉迟璥，由武威军总管王孝杰护送他归国。此后一直到"安史之乱"以前，由于唐朝加强了在西域各地的戍卫，吐蕃未能在于阗得手。但从 8 世纪初年起，吐蕃控制了与于阗毗邻的鄯善，于阗开始受到吐蕃军队的困扰。贞元七年（791），吐蕃攻陷西州后，腾出力量进攻于阗，于阗终在8世纪末被吐蕃占领。

于阗地理位置优越，处于欧亚大陆中部，中西交通的要冲，西逾帕米尔可以到达克什米尔、中亚各国，向东沿着塔里木盆地南缘可以与中原交通，往南可与青藏高原诸族，以及南亚大陆上的国家联系，优越的地理位置使吐蕃将其视为进入西域的战略要地。唐朝与吐蕃围绕于阗进行过反复的争夺，唐代几百年间，于阗数次被吐蕃所控制，但无论是在吐蕃控制期间，还是在唐朝的统治之下，吐蕃和于阗之间的文化交往从来没有中断。

语言文字方面的相互影响

吐蕃势力进入西域后，藏文成为被统治地区的主要的交际用语和官方语言，新疆出土的、内容涵盖社会生活各个方面的古藏文写卷与简牍文书说明了这一点。藏文在包括于阗等地的南疆地区长期使用，在藏、胡语言文献交流方面产生了深刻的影响。

吐蕃和于阗曾在文字方面有过交流，至今仍流传着一个模仿于阗文创制藏文的故事，说松赞干布的大臣吞米·桑布扎向一位婆罗门大师李敬（li byin）学习，回来后创制了藏文。因为藏文史书中称于阗为 li，所以有人认为创制藏文的李敬是西域于阗国人，吞米·桑布扎是模仿于阗文而创制藏文的。不管这种说法是否确实，在于阗语文和藏语文中均出现了借自对方的词语，反映了两种语言的交流。

于阗语中的藏文借词有：

kha，谷物、葡萄的一种计量单位，即"克"。

khara，谷物的一种计量单位。

khalavī，账目。

gnasa prrattanä，老宿。

gvāsa rī，服饰。

caha、spata，强盗。

churba，干酪似的奶。

thraka，胡桃。

thūda pa，外罩。

buluna，大臣。

此外，还有 20 余个于阗语中的藏文借词，在此就不一一列举。藏语中的于阗文借词有 kbavara "植物名"、spaśara "守望者"、spāta- "军官"等 7 个，以及仿造词与翻译借词 2 个。就所讨论的词汇而言，于阗借自吐蕃的远远超过吐蕃吸收于阗的,这应该是吐蕃统治于阗时期及其前后,古藏文在该地区长期使用和传播的结果。

敦煌发现的于阗文医药文献巨著《悉昙娑罗》(siddhasāra),又译《成就宝典》,在序言中明确说是从藏文译成于阗文的,这对于增进于阗药物学知识起到了不可估量的作用。

吐蕃统治结束之后,从于阗一带到甘州,古藏文还长期作为官方文字在使用。匈牙利学者乌瑞在《吐蕃统治结束后甘州和于阗官府中使用藏语的情况》一文中,一共介绍了18件古藏文文书。这些文书中有两件是9世纪的作品,另外15件文书为10世纪的,内容涉及于阗、沙州、甘州、凉州、肃州各地官吏之间的公务往来,及从于阗到中原丝绸之路沿线各个邦国的外交和贸易,以及各州内部事务等内容。其中敦煌藏文卷子 P.T. 2111《于阗王致甘州长史书》,就是于阗狮子天大王(lhavi rgyal po chen po seng ge li rjes)写给甘州谋臣和长史于迦(blon po chang vuga)的书信。

佛教方面的互动

吐蕃统治于阗时期,精通藏文的佛学家将有关于阗佛教和历史的资料翻译成藏文,介绍到吐蕃本土。藏文《大藏经》中关于于阗的著作,如《甘珠尔》部中有《月藏经》、《日藏经》、《牛角山授记》,《丹珠尔》部中有《善友传》、《于阗授记》等。敦煌所出的藏文卷子中,有《于阗佛法史》、《吐蕃大事纪年》等。德格版《大藏经》注:"《大宝积经》四十九会,由梵、汉、于阗各本搜集译成云。"日本学者原田觉在他的《吐蕃译经史》一书中说:"这些佛典是不是于阗翻译的且放在一边,但至少表现了吐蕃和于阗之间的某种关系,可以说于阗也进行了藏文译经。"

吐蕃和于阗之间的佛教交流源远流长,《汉藏史集》说,在释迦牟尼涅槃后的两千年,于阗国有了佛法的影像和舍利,后来佛法被毁灭了。这时,一个菩萨化身成吐蕃国王,弘扬佛法,建立佛寺及佛塔,订立了两部僧伽,吐蕃王臣逐渐奉行佛法,请来了许多堪布和佛经,于阗国也被纳入吐蕃治下。到吐蕃第七代王时,于阗的一位国王仇视佛法,驱逐国内的众比丘,众比丘由驮载重物的牦牛引路到达吐蕃境内,并向吐蕃王报告所处的险境。于是吐蕃国内的一位汉地公主迎请众比丘来到吐蕃,还将安西、于阗、疏勒、勃律等地的比丘也请来,安置在寺庙中。

于阗的藏文文献详细记载了上述事件,这份藏文文献是《于阗国阿罗汉授记》。授记的年代,乌瑞认为编成的时间不会晚于858年,它采取佛或于阗佛教圣者所说预言(授记、悬记）的形式写成，内容涉及当时的宗教、地理和历史问题，备受人们的重视。

《于阗国阿罗汉授记》说，当于阗佛教将毁灭之时，僧侣们离开那里前往吐蕃寻求庇护。他们在经过了墨格尔（me skar）、都乐（mdo lo）之后，在向赭面王的国度进发中，全体僧人在播仙（pha shan）地面的一个峡谷的隘路上，与当地的护卫者遭遇，僧人们被禁止从此通行。僧侣们在无路可走，准备另寻路径的时候。这时，毗沙门天王幻化成白牦牛的形状，套着鼻环，驮负物品，出现在僧众们面前。僧众们看到牦牛出现后说："负这么重的牦牛，应该是哪一个人的牲口，还是让牦牛带我们去它将要去的地方。"于是僧人们由牦牛引导着走上了一条捷径，大约四五天之后，全体僧人抵达赭面王国中的一个叫萨毗（mtshal byi）的地方。该地是从于阗经过鄯善前往吐蕃的必经之路，不仅是藏文文献，敦煌所出的汉文资料中也有记载。成书于676—695年的《沙州图经》就提到，有"萨毗城"，距离西北的石城镇四百八十里，靠近萨毗泽，山险，常有吐蕃、吐谷浑来往于彼。

吐蕃佛教受到于阗佛教影响的事例，藏文文献《贤者喜宴》说，松赞干布时有两位于阗僧人持着锡杖、拿着乞化钵来到吐蕃，先到昌珠地区，遇到砍下的人头、四肢及挖出的

第四章　吐蕃文化与内陆文明的交流

眼睛堆积如山，十分厌恶，于是说吐蕃所在地有"魔鬼"。松赞干布则声称那些人是没有被调伏者，遂作禅指状，那些监狱和刽子手们随即消失了。这一带有玄妙色彩的传说，反映了佛教流传吐蕃初期，于阗佛教已经影响到了吐蕃。松赞干布时期修建的昌珠寺（khra vbrug），据说就是于阗的"化身"工匠依据于阗佛像为之塑造了菩萨的形象，把于阗的佛教造型艺术引入了吐蕃。当时，还有松赞干布"前生是古黎域（于阗）的大德"的传说。

佛教艺术方面的相互影响

吐蕃与于阗在佛教艺术方面相互影响，这种影响从唐代毗沙门天王的造型上可得到证明。毗沙门天王像的原型，来自"瞿萨旦那"即于阗国，作为护国神出现在于阗国建国的神话中，在于阗深受信

莫高窟第237窟，毗沙门天王决海（张时铭摄，敦煌研究院提供）

仰。吐蕃攻占西域后，因为受吐蕃文化的影响，中唐时期的毗沙门天王像已经具有了吐蕃武士的特点。这之前汉人画的毗沙门天王像身着的铠甲比较短，没有弯刀，而后来的毗沙门天王像具有了吐蕃武士的风格，身着长铠甲、腰配弯刀。对于毗沙门天王像上的甲制，有学者说，西域式毗沙门天王像的小鳞片长摆甲原本出于吐蕃，于阗毗沙门天王其实是吐蕃武士的写照，中唐、晚唐毗沙门天王像的样式是由吐蕃人创造的。此后，吐蕃样式的毗沙门天王像逐渐开始流传。

毗卢遮那佛壁画残片（上海博物馆编：《于阗六篇》，北京大学出版社 2014 年版）

今西藏山南乃东县境内的温区格桑乡吉如村的札玛尔吉如拉康寺，寺院在建造中受到了于阗风格的影响。意大利藏学家罗伯特·维塔利称吉如拉康寺是西藏现存最早、保存最完好的佛教建筑，同时也是赤德祖赞在位时期修建的唯一一座寺院。位于吉如拉康佛堂内的主尊释迦牟尼像，具有浓郁的于阗艺术风格，他与和田老达玛沟佛寺遗址中发现的释迦牟尼佛立像风格极其相似。两者在细部处理、表现手法上都很相似，佛像的面部轮廓都较为圆润、光滑、连续，顶髻与颅骨相连在一起，鼻梁坚挺，鼻孔圆润、垂直。特别是老达玛沟一带的佛寺壁画中，一幅出土于巴拉瓦斯特佛寺的毗卢遮那佛壁画残片，与吉如拉康的释迦牟尼主尊像可比性更强。

和田地区丹丹乌里克遗址中出土的木版画上，也能看到于阗与吐蕃佛教艺术交流的遗存。编号为 D.X.3 的木版画是一组三人组合的神像，斯坦因认为是金刚手菩萨、弥勒菩萨、文殊菩萨；D.X.5 木版画绘的是一位头光骑者；D.X.8 木版画是一位怀抱婴儿的女神；一副编号为 D.VII.6 的木版画正面绘有一尊湿婆罗，形象是三头、四臂，身下骑黄牛。这些木版画的题材和佛教密宗都有或多或少的关系。这种内容和形式的木版画在西藏西部也有发现。

于阗和吐蕃在佛教密宗题材内容及形式之间的关系，

M.I. 沃罗比耶娃·捷夏托夫斯卡娅曾评价说:"这个时期可能发生过邻近地区佛教徒迁到于阗的情况,金刚乘经文于此期间在于阗流行,吐蕃人也参与了金刚乘教派的缔造;而藏传佛教密宗的特点可能就是在于阗发展起来的,这决定了藏传佛教的命运。"

第二节 吐蕃与突厥的文化交流

突厥先世源出于丁零、铁勒，5世纪中叶被柔然征服，迁徙到金山（今阿尔泰山）南麓，因为金山形似战盔"兜鍪"，俗称突厥，因以名其部落。546年，突厥合并铁勒部5万余落（户），势力逐渐强盛；552年，又大败柔然，以漠北为中心在鄂尔浑河流域建立政权。突厥最盛时疆域东至辽海（辽河上游），西濒西海（今咸海），北至北海（今贝加尔湖），南临阿姆河南。583年分裂为东突厥和西突厥，其中东突厥可汗为原统一的突厥可汗正支嫡系之后，所以东突厥经常被直呼为"突厥"。630、657年，东西突厥先后统一于唐。682年，南迁的东突厥北返复国，建立后突厥汗国，745年亡于回纥。

吐蕃与突厥的交往

隋唐时吐蕃兴起后，由于地理上接近等原因，吐蕃与突厥之间有过密切的交往。太宗贞观八年（634），吐蕃开始遣使者来朝，太宗遣行人冯德遐下书临抚。松赞干布听说突厥、吐谷浑都娶得唐朝公主，于是让使者拿着宝物来唐求取公主，但是太宗开始没有答应吐蕃的请求。以后，吐蕃向北征服吐谷浑，7世纪中叶进入西域，与一些不满唐朝统治的西突厥王公贵族联合，多次攻陷唐的西域重镇及属国。

吐蕃与西突厥最早发生接触，似为贞观二十二年（648）唐朝征伐西突厥乙毗射匮可汗的战争。之后，属于西突厥别部的弓月曾在显庆四年（659）、龙朔二年（662）、咸亨元年（670）三次与吐蕃联军，在疏勒（今新疆喀什）到龟兹一线与唐军对抗。后来，吐蕃还扶持西突厥的阿史那俀子为可汗，继续滋扰唐朝在西域的军镇。

7世纪末，西突厥的突骑施部兴起，建立了汗国，吐蕃与突骑施之间，为了各自的利益建立起密切的联系。《敦煌本吐蕃历史文书》"大事纪年"中的732年、744年条，有突骑施使者到吐蕃的记载，另外还提到734年，有"王姐卓玛类遣嫁突骑施可汗为妻"。

7世纪末后突厥汗国复兴后，吐蕃多次与后突厥汗国通使、联合。"大事纪年"说："及至猴年（720），赞普驻于董之虎园，默啜（vbug cor）可汗的使者前来致礼。"默啜

第四章 吐蕃文化与内陆文明的交流

可汗是后突厥汗国的可汗，也称阿波干可汗，名环，是骨咄禄可汗的弟弟。他在 691 年继立为可汗。武后万岁通天元年（696），默啜曾与钦陵一同出兵，分别进攻唐朝的洮州和凉州，杀凉州都督许钦明。以后数年间，突厥与吐蕃多次联兵进寇凉州，727 年左右，吐蕃进攻瓜州，事先遣使，约毗伽可汗派兵。吐蕃与突厥的联系还体现在，当突厥毗伽可汗的兄弟阙特勤亡逝，他的纪念碑文上曾提到，吐蕃可汗派来一大臣来悼念。

藏族历史名著《贤者喜宴》说，吐蕃赞普囊日伦赞曾征服过汉人和突厥人，将获取的十八头骡子驮的玉石运到吐蕃，并从北方的突厥人那里得到了食盐。囊日伦赞是松赞干布的父亲，他的活动年代当在 6 世纪。《隋书·女国传》提到女国多产盐，经常将盐向天竺贩卖，获利数倍。联系这些记载，可以认为囊日伦赞获得的食

阙特勤碑（杨富学摄）

盐和玉石，有可能是从女国（即苏毗）转贩来的。赤祖德赞时期，也从突厥运进了上好的玉石，加工成各种精美的物品，供王室成员和贵族享用。

突厥制度对吐蕃的影响

《贤者喜宴》说，吐蕃王朝在建立各项制度时，从北方的霍尔与回纥取得了法律及事业的楷模，这里的霍尔和回纥就是指突厥和回纥，由于回纥是突厥别部，它的政治法律制度是直接承袭突厥的，所以吐蕃王朝的一些制度是借鉴于突厥的。

据记载，松赞干布时，曾将吐蕃的行政区域划分为五茹，每茹分为二个支茹，设茹本（军事长官）二人。在五茹之下，又分为五十一东岱（军事千户）。而五茹中茹的长官"茹本"的设置，与突厥的官职"设"十分相似。突厥的"设"，是突厥汗国掌握兵权的地方长官和诸侯，一般由可汗子弟或宗族担任，仅次于突厥的"叶护"。突厥将汗廷之外的其他地区分为东、西等部，每部各设一"设"进行管理，"设"的职能与吐蕃的"茹本"所行使的职能很接近。

《贤者喜宴》说在松赞干布设置职官时，曾任命了五位奎本，分管雅砻本部、象雄、苏毗、通颊、安多五个地区，

第四章　吐蕃文化与内陆文明的交流

有学者研究认为"奎本"的级别高于"茹本"。突厥官职中与"奎本"类似的官职是突厥的"小可汗",突厥大可汗建牙帐于中部的于斤都山,兼理突厥南面事务,在它的东、西、北三面设立小可汗,分别由大可汗的兄弟或子侄担任,分镇四方。

　　松赞干布时期,吐蕃的中央官职主要有政务九大臣,它们分属于贡论、囊论、噶论三大系统,每个系统各有三人充任不同职务。贡论属于外相系统,负责王国的军事、政治、外交等大事;囊论主管全国的税收、人口统计等事务;噶论负责司法,为吐蕃的最高法官。如果把吐蕃中央官职的三大系统与突厥的十等官制做一比较,就会发现,在突厥初期设置的中央职官系统十等官职中,热汗执掌"监察非违,厘整班次",与吐蕃的噶论系统职能相当;安禅且尼为"掌家事如国"的官员,与吐蕃的囊论系统类同;始波罗、哥利达、三大罗、珂罗便等负责议政、判事、主兵等事务,与吐蕃的贡论系统对应。

　　研究显示,吐蕃的军事制度特点是兵农合一,本土的军队以千户为单位进行编制,采用十进制,十个军事千户组成一茹。每个千户由东本统领,东本也称为千户长,是每个千户的军事兼行政长官。在千户长之上,后来还设置了万户长

（万人将），由当地节度衙统辖，节度衙的长官可称为茹本。万户长下辖若干千户，基本也采用的是十进制。

十进制的军队编制，早在古代，就流行于北方各族。匈奴有"万骑"（万骑长）二十四人，万骑下面置千长（千骑长）、百长（百骑长）、什长（十骑长）。柔然的军制也使用十进制，《魏书》中说柔然国主社仑所立军法是："千人为军，每军设置将一人，百人为幢，每幢设置帅一人。"突厥曾臣服于柔然，突厥的军制可能继承了柔然的军制，同样实行兵农合一，以十进制编制军队。《周书·突厥传》说，突厥汗国的创始人"土门"就是突厥语的音译，意为万夫长。在回纥毗伽可汗碑铭的北面，记有"千夫长"字样。

吐蕃的法律条文也渗透着突厥的影响。吐蕃的刑法特别严酷，对于偷盗者，盗窃三宝财物要赔偿百倍，盗窃国王财物赔偿八十倍，盗窃平民财物者赔偿八倍；对于奸淫者，要罚金或断肢并流放；对于说谎者，割掉舌头，或是以神为证起誓。其他犯罪类型都有不同的量刑标准，即使是小的犯罪，也可能面临被挖眼、砍脚、割鼻，以皮鞭挟之的刑罚。吐蕃的这些量刑标准与突厥很相似，突厥对于盗马和杂物者，也有赔偿十余倍的规定。

第四章 吐蕃文化与内陆文明的交流

吐蕃和突厥在文化习俗方面的影响

在佛教还没有传入之前，吐蕃人信仰的是苯教。敦煌文书中多次提到，吐蕃苯教葬仪中要献祭牛、马、羊牲畜，而并不使用其他的动物。《周书·突厥传》提到突厥的葬仪说，凡是有死者，将尸体停放在帐前，子孙和亲属男女，各杀羊、马，陈列帐前，祭祀死者。吐蕃与突厥在丧葬仪轨中，献祭的牲畜都有羊、马，这不能用巧合来简单的解释。文献提到吐蕃人有鏊面的习俗，据记载吐蕃赞普达磨因灭佛被僧人所杀，吐蕃随后发生了王位之争，老臣都那预感内乱将起，于是"拔刀鏊面"。鏊面这种习俗在突厥中也有，突厥人在亲属死后，先献祭羊、马，然后亲属绕帐幕走马七匝，最后到帐前，以刀鏊面，大声哭泣。

2001年，今蒙古国首府乌兰巴托以西45公里的额尔浑河畔，在突厥第二汗国毗伽可汗陵园内，出土了一顶王冠，王冠冠沿为一长条形的带状金边，金边的上缘，与之垂直连缀有五片金叶形冠片，形成一顶五花叶片金冠。在金边和五片金叶形冠片上有若干孔道，可能是用来连缀和镶嵌宝石的。这顶突厥王冠与美国芝加哥一私人收藏家收藏的吐蕃银饰片有许多相似之处：第一，两者的形状都是片状的金银器饰

突厥王冠（中国钱网）

片，在边缘上都穿有小孔，用来与其他片饰相缀；第二，有的饰片表面留有较大的孔，很可能是镶嵌宝石之类物件所遗留下来的痕迹；第三，饰片纹饰均以鱼子纹为地，上面凸起浅浮雕式的花卉。

　　俄国中亚考古学家对芝加哥私人收藏家收藏的吐蕃银饰片的复原研究显示，这批残破银饰片可能是一个王冠的组成部分。这种带有冠叶的高冠式王冠式样，与敦煌莫高窟第158、159窟中的吐蕃赞普形象，以及在吐蕃本土及其周边地区发现的大日如来佛像上的赞普冠式十分相似。在赞普的冠上，可以发现高筒状的头巾外面箍戴着一顶花冠，长条形的冠沿上缀以垂直的花瓣形冠叶。因此，可以认为马尔夏克用银质饰片复原成的王冠式样，可能就是吐蕃王朝的王冠。

第三节　传入吐蕃的粟特文化

粟特人东来

粟特是中亚古国名又是其族名,是索格底亚那的简称,指阿姆河和锡尔河之间的泽拉夫善河地区。公元前6世纪,该地曾是波斯帝国的一个行省,后又被马其顿亚历山大占领。汉、晋时形成康国(今乌兹别克斯坦撒马尔罕城)、安国(今乌兹别克斯坦布哈拉城)等城邦国家。

隋唐时,粟特人主要居住于康国及其他昭武九姓诸国。在史书中又被称为"昭武九姓"、"九姓胡"、"杂种胡"、"粟特胡"。唐永徽年间(650—655),高宗在其地设置康居都督府、大宛都督府。随着阿拉伯势力向中亚扩张,8世纪上半叶,粟特人被大食(阿拉伯)征服。但大食对中亚诸国统治时,仅征收其贡赋而保留诸国王的权力,因此特别是在大食统治初期,康国还保留有半独立的地位,它的外交、军事权力基本上不受限制。

粟特人的东来可以上溯到公元初,善于经商的粟特人受到商业利益的驱动,沿着丝绸之路一路东来。隋末唐初,粟特人开始成批移居到我国的新疆及河西走廊。为了便于经商,他们有些人在迁入地建立起自己的聚居地,粟特人于是遍布蒲昌海(罗布泊)、播仙镇(且末)、西州(吐鲁番)、伊州(哈密)、沙州(敦煌)、肃州(酒泉)、甘州(张掖)、凉州(武威)等地。唐贞观年间,康国首领康艳典率众居住在鄯善旧城,还将此城改名为兴谷城。高宗上元二年(675),唐朝改兴谷城为石城镇,划归沙州管辖。8世纪初,吐蕃占领了鄯善,这一地区的粟特移民受到吐蕃的统治。

粟特与吐蕃的接触

吐蕃人和粟特人其实早有交往,成书于676—695年的《沙州图经》说,萨毗城,西北距离石城镇四百八十里,此城为康国首领康艳典建造,靠近萨毗泽,山险,常有吐蕃、吐谷浑来往不绝。可见从此时起,吐蕃与这一带的粟特人就有了接触。

吐蕃在向外扩张的过程中,与粟特人也发生过冲突。敦煌藏文卷子"大事纪年"694年条说,"噶尔·达古(mkhar

sta gu）为 sog（粟特）人所擒"。这里的"噶尔·达古"应是禄东赞五个儿子之一的悉多于。德宗贞元十七年（801），剑南西川节度使韦皋部将杜毗罗率兵袭击吐蕃险要，吐蕃大乱，康、黑衣大食兵和吐蕃大酋都前来投降。这些粟特士兵出现在四川一带，可能是吐蕃在向中亚扩张过程中，俘获了这些粟特士兵，将他们充兵东调进攻唐朝。

吐蕃和粟特两国之间还有使臣往来，在今拉达克地方的德兰茨村石刻上有这样一段粟特铭文说："210年，来自撒马尔罕（samarkander）的诺斯凡作为大使，致吐蕃可汗（khagan）。"这件铭文的年代在825年4月24日至826年4月12日之间，它反映了9世纪上半叶吐蕃与康国交使的情况。

从粟特人东来后，在唐朝西北一带形成了许多颇具规模的聚落，当时的敦煌就居住着一批粟特移民或是粟特人的后裔。敦煌文书记载，8世纪中叶，敦煌县城东面一里处有一个粟特人聚居的村落，被称作"从化乡"，为敦煌十三乡之一。"从化乡"有300户人家、1400多人，居民中以康、安、石、曹、罗、何、米、史、贺为姓的占绝大多数。吐蕃攻占敦煌后，"从化乡"和敦煌其他乡都被取消，被部落制代替。敦煌文书中记载的曷骨萨、悉董萨、悉宁宗、丝棉等部落中就有相当多的粟特人。在吐蕃统治敦煌的数十年间，一部分粟特人沦为身份较低的寺户,而另一些粟特人在吐蕃治下任职,有的还担任了吐蕃的都督、副千户长、部落水官、判官等。

粟特文化在吐蕃传播

粟特人东来后,将粟特的文化也带到了东方,吐蕃和粟特之间文化的交流早期可能通过青海道进行。吐鲁番出土的粟特语文书 T.ii.D.94 说,粟特人在欧亚大陆的经商线路,自西向东为:拂林(罗马帝国)、波斯、安国、吐火罗、石国、粟特、石汗那、汉盘陀、吐蕃(指在吐蕃的统治下的青海地区)、吐浑、弥药、薄骨律(宁夏灵武)。

粟特的作战器具

7—9世纪吐蕃经略西域及河西走廊期间,一些来自中亚的商品或贡品,通过"粟特商路"被转运进来,有关的文献记载与考古发现提供了这方面的证据。《通典·吐蕃》记载吐蕃风俗时说,吐蕃人和马都披着锁子甲,这些锁子甲制作精良,通体只开有两眼,强劲的弓箭和锋利的刀刃都不能够伤及。锁子甲其实是中亚粟特人的发明,康国还曾将锁子甲作为贡品进献给唐朝,吐蕃军队所需的锁子甲无疑是来自粟特的。

第四章　吐蕃文化与内陆文明的交流

粟特的一种被称为"索波剑"的兵器也传入了吐蕃，"索波"在藏语中称为"sog-po"。美国藏学家白桂兹对此指出，吐蕃从中亚的康国、安国及其他粟特人那里得到了钢铁制成的武器，包括有锁子甲和长剑，因为吐蕃军队中骑兵的比重很大，骑士和战马全都需要披上这种细锁子甲。

粟特金银器

20世纪80年代，青海省文物考古研究所在海西州都兰县的热水乡、夏日哈乡发掘了一批唐代的吐蕃墓葬。墓葬出土了大宗的丝织品、陶器、木器、铁器、铜器、珠饰、木简牍、皮革制品，特别是其中出土了一批金银器，因墓葬多数被盗，出土的完整器和大件器不多，多是残损的小件器物。其中一部分器物比较特别，具有中亚粟特银器的风格，主要有：

榆林窟第25窟前室东壁北侧，毗沙门天王
（孙志军摄，敦煌研究院提供）

镀金银质鹿形饰片 1 件；镀金银质搏饰片 1 件；银带饰共 26 件；银钉托 1 件；花形镀金银饰 2 件；残损木器上的镀金银饰若干。在青海都兰县一带还发现了很多座吐蕃时期的墓葬，从墓葬中又发现了一批粟特人制造和使用的金银器。

粟特金银器特点是：第一，粟特金银器是用整片金属制成，主要用铸造和捶揲技法使器物成型，器物表面常见全部或局部镀金，并常以镂空的形式表现纹饰的浮雕效果。第二，捶揲和阴线浅刻并用，主题纹样常以捶揲形式表现，但辅助纹样往往使用阴线浅刻的技法，例如常见动物和花形的细部、颈部和足部。第三，辅助纹样一般以鱼子纹饰地，图案的细部常用联珠纹，这种纹饰常见于器物的足部、流咀的缘部和圆形连饰的内部，主题纹样常见人物（神、佛）和动物（凤、驼、马、鹿、野山羊、立鸡），动物往往带翼。第四，大量使用三瓣花两片勾叶形式的忍冬纹样，并常将此花饰于神性动物的细部，或将其组合成环状桃形，几乎每件器物都能见到。

青海都兰出土唐代粟特银盘

都兰出土的动物形银器

特点有：第一，普遍使用捶揲技法作为成型的主要手段。第二，捶揲和阴线刻并用在动物形银器上较为常见。第三，桃形忍冬图案在部分动物的头顶部。第四，部分动物带翼的萨珊风格在都兰动物银器中也有出现，例如翼羊和翼马等。第五，粟特的花角鹿与都兰墓中出土的基本一致。第六，粟特动物的跪姿和立姿也见于都兰动物银器。第七，粟特织锦中的立鸟形象与都兰鸟纹提梁壶的立鸟较为一致。

将都兰出土的吐蕃银器和粟特银器特点一对比，可以看到两类金银器在技法上和纹样上非常接近，总体风格也一致，应该是相同文化的显现。都兰出土的吐蕃银器的这些特征，使研究人员将这类动物形银器的族属确定为粟特。虽然单纯从技法和纹饰上所做的对比存在着某种缺欠，但一个不争的事实是，吐蕃王室或贵族确实使用了大量非本民族制作的金银器。

拉萨大昭寺内收藏的一个银瓶，就是非吐蕃民族制作的金银器的一个代表，这件金银器位于大昭寺中心佛殿中第二层西侧正中的松赞干布殿内，是1959年中央文化部文物调查组在西藏调查期间发现的。银瓶高约80厘米，遍体银质，用银片捶揲而成，瓶颈上敛下侈，颈上接一个动物头部形，瓶口上端开有圆口，口缘部饰八曲，口外壁饰山岳状花瓣一匝，

唐代中亚传入吐蕃的银瓶
(*Buddhist Sculptures in Tibet*)

其下饰一个空心立体羊首，首的后侧有两耳，首前端上下唇间衔圆管形小流，瓶口下面接着一个圆形的瓶体，瓶身上主要部分饰有鎏金浮雕的人物图案：单人弹琵琶和成组人像各两组，相间布置。著名考古学家宿白先生认为，多曲圆形口缘和其下作立体禽兽首状的细颈壶，为7—10世纪波斯和粟特地区流行的器物，颈上饰羊首的带柄细壶曾见于新疆吐鲁番回鹘时期的壁画中。西亚传统纹饰中的四瓣球纹，尤为萨珊金银器所喜用，人物形象、服饰更具有中亚、西亚一带特色。故可估计，这件银壶约是7至9世纪阿姆河流域南迄呼罗珊以西地区制作，其传入拉萨，或经今新疆、青海区域，或由克什米尔、阿里一线。

粟特丧葬习俗

青海都兰热水大墓中出土了一件极具代表性的粟特风格

第四章　吐蕃文化与内陆文明的交流

的金银器，这件金银器出土于都兰一号大墓前的殉马沟中。瑞士藏学家阿米·海勒博士对此这样描述，一只银质的珠宝箱被埋藏在那里，它看上去是准备用来装 sarira（一种纪念品）的，虽然有一部已被压碎，就像是用剩余的建筑材料再造的，但考古学家相信这是来自粟特的工艺品。这只遗骨匣的形状和尺寸，使我们想到已经被挖掘出土的粟特银制遗骨匣盒及唐朝的金银遗骨匣。

　　这个遗骨匣，使人想到了粟特将尸体火葬或天葬后以瓮藏骨的习俗。粟特人受中亚祆教的影响，曾流行古老的天葬习俗，将死者的遗体放置在"寂没之塔"上，等到动物将死者的肉体食尽之后，再将余下的骨骸收纳于瓮中。纳骨瓮的形状是模仿死者住所的形状，如方形的纳骨瓮表示死者定居的家屋，椭圆形的纳骨瓮表示游牧者的天幕。《通典》所引的《西蕃记》，描述以瓮藏骨这种习俗说：康国习俗，城外有两百余户人家，以给死者办理丧事为职业。他们在另外一个地方建造一个院落，院内养上狗，当有人去世后，就将死者尸体送到这个院内让狗吃掉，然后收拾死者的残骨埋葬，埋葬时死者没有棺椁。

　　中亚粟特人的一些丧葬风俗在青海发现的吐蕃墓葬中出土的棺板画也表现出来。棺板画由骑射狩猎、驼队出行、帐外宴饮和丧葬仪式等不同画面组成，画面取材于日常生活中的若干场景，场景中带有吐蕃苯教丧葬仪礼的色彩。类似的画面见于一批入华的粟特人墓葬中，入华粟特人安伽墓、史君墓等石棺上同样刻有骑射狩猎、商队出行、帐外乐舞宴饮、帐中主人宴饮、丧葬仪式等画面，而且每个画面各自独立，但都围绕着一个中心来进行，就是希望死者在天国能享受到与生前同样的荣华富贵。

粟特马具

近年来发现了一些带有中亚风格的吐蕃时期的马具及饰件，反映了两地之间的相互影响。这里要谈的是美国芝加哥某私人收藏家收藏的一套吐蕃时期的马具，这套马具包括一套鎏金马鞍以及马具上的若干金属饰件，它是迄今为止所见的吐蕃文物中保存最为完整的一套马具。吐蕃时期的马具构件还见于西藏山南浪卡子县查加沟古墓中的金马形牌饰，青海都兰热水吐蕃墓地二号墓中的两套马鞍（编号为一、二号）残存构件。吐蕃时期与马具有关的图像还见于青海都兰热水墓地一号墓出土的彩绘木板，以及青海德令哈市郭里木乡吐蕃木棺板画。从这些马具中可以窥见吐蕃人对所乘马匹鞍具的描绘，在这些描绘中，我们发现在马的胸、腹和尻部经常会引出长短不一的革带,包括攀胸、靴带等,这种网状结构的革带,其实是受到中亚带有蹀躞的革带的影响。

吐蕃与中亚马具上的联系也见于伊朗萨珊王朝的艺术品,在这些艺术品上可以观察到5—6世纪伊朗高原上马具的形态。美国大都市博物馆收藏的一件伊朗出土的萨珊王朝银盘上有帝王狩猎的场面,坐骑上可以见到辔头和呈横向的攀胸、鞦带,皮带上面缀饰有杏叶一类的饰件。大都市博物馆内收藏的另一件出自巴基斯坦的萨珊王朝艺术品,铸出骑马武士的形象,在马的辔头上可看到额带、鼻带、颊带、咽带等四条皮带,鞍、鞯之下有一条横向的攀胸和一条绕于马尻尾后的鞦带,在马尾束有一结,辔头、攀胸和鞦带上也都缀饰杏叶一类的饰片,整个马具的装饰手法与吐蕃马具十分相似。

粟特服饰

吐蕃服饰上有时装饰有联珠纹图案,这种图案较早出现在公元前的西方货币上,在波斯帝国灭亡后,萨珊波斯和粟特把这种纹样继承了下来。到魏晋南北朝时,联珠纹受到了东方人的喜爱,逐渐传入到了中原地区,而吐蕃人更喜欢在联珠纹内饰对兽图案,这种风格明显受到粟特织物纹样的影

青海都兰吐蕃墓出土粟特锦服饰及细部（*When Silk Was Gold Central Asian and Chinese Textiles*）

响,因为粟特人喜欢联珠圈内饰成对的异兽、异禽,再以花叶纹或心形纹环饰其间。

粟特的装饰纹样题材还见于敦煌第158窟的壁画中,壁画中的吐蕃赞普穿着饰有大团窠图案的长袍,佛陀头部枕着联珠圈内带有水鸭形图案的枕头。另外在8世纪的敦煌绢画《劳度叉斗圣》上,能看到画有一个吐蕃女子,她穿着尖端的翻领长袍,这种袍服和衣领的变化在中亚的许多壁画中都能看到,只是吐蕃的翻领长袍以左衽为主,波斯、粟特等地的翻领长袍以对襟为主。有学者推测说,吐蕃人的这种常见服式与粟特人的最为接近,其直接影响可能与粟特人有关。今天的藏族人的穿着就有一种衣领的式样为颈处不系紧,让一襟下垂的习惯。

第四节　丝路石窟中的吐蕃元素

敦煌石窟中的吐蕃元素

吐蕃占领敦煌后,在当地大兴佛事,广度僧尼,任命佛教官吏等,佛事活动空前发展。在786—847年吐蕃占领的60余年中,吐蕃开凿的洞窟有40多个,比唐朝初年到786年以前的80余年中所建的洞窟还要多。吐蕃时期的洞窟艺术与这以前的洞窟相比,只有进步,没有退步。吐蕃时期营建的洞窟刻画细腻、流畅,而且在设计方面有所创新。

吐蕃统治敦煌时期开凿的洞窟具有鲜明的时代特点,洞窟壁画中开始出现吐蕃赞普的形象,在敦煌第158窟的《佛涅槃变》中,在卧佛的足旁,描绘着各国王子的图像,整个画面表现了一位由两个侍从扶持的吐蕃赞普和众王子号啕痛哭的场景,赞普头上方罩着宝盖,绘有头光,头缠高头巾,巾角一端从右侧伸出,头戴用三瓣宝冠箍住的有凹槽装饰的无檐帽,身穿着长袍,衣领翻在前后两面形成三角形翻边,长袍里面是一两层内衣,两袖笼住双手。赞普右边的侍者也穿着类似的开领长袍,头戴平顶无檐帽,或折叠头巾,末端伸向一边。类似的赞普形象另见于《吐蕃赞普礼佛图》或《各国王子举哀图》等壁画场景中。

我们仔细观察这些敦煌石窟中的吐蕃赞普画面,你会发现赞普的形象有一个变化的过程,壁画中的吐蕃赞普一般戴着红色的头巾,穿着白色的长袍,但在吐蕃结束敦煌统治后的半个世纪中,赞普听法图这种题材在洞窟中消失了。直到归义军张氏家族统治敦煌后期,这种题材又重新出现在洞窟中,唯一与之前不同的是,吐蕃赞普画像的排列顺序靠后了。在莫高窟第100窟、108窟、61窟中,只见吐蕃赞普站立在各国王子的行列中,这时,赞普的服装也发生了变化,从之前的红巾白袍变成红巾红袍,后来又变回原来的红巾白袍。这说明,随着时间的推移,敦煌的人们对吐蕃赞普的认识有一定的区别。吐蕃王朝虽然灭亡很多年了,但是吐蕃的影响还依然在敦煌长期存在。

这一时期,莫高窟供养人画像也发生了一些变化。这些变化表现在,首先,供养人画像减少了,有相当一部分洞窟没有供养人像。其次,供养人画像的位置发生了变化,首次

第四章　吐蕃文化与内陆文明的交流

出现在洞窟主室东壁门上。莫高窟第91窟东壁门上就有供养比丘三身，仅残剩上半身，这种布局的洞窟还见于第231窟、238窟、359窟、417窟。再次，供养人服装发生了变化，供养人开始穿上了吐蕃服装，而且吐蕃装与汉人装的供养人画像同时并存于洞窟中。出现吐蕃装和汉装并存时，一般是男性供养人为吐蕃装，女性供养人为唐装。

　　吐蕃统治时期，还出现供养僧人多于世俗人的现象，这与敦煌石窟中无论其前或其后各代，供养人画像中世俗人要远多于僧人，而且有些洞窟中甚至见不到僧人供养的情况有很大的不同。第200窟主室西龛下两侧有僧尼供养人各一排，东壁没有供养人画像。第359窟主室龛下北侧有供养比丘七身、男供养人两身，南侧画供养比丘尼七身、女供养人两身。相对于早期洞窟中的供养人画像，这一时期供养人画像题记比较简略，完全不同于晚唐、五代、宋时期的供养人画像题记，要写上与窟主人的关

莫高窟第225窟东壁门南，女供养人（吐蕃女王沙奴服饰，吴健摄影，敦煌研究院提供）

系、家族身份、官衔俸禄、姓氏族望、健在与否等有关的内容。而且越靠近中唐晚期的洞窟供养人画像越丰富，像晚期后段第 359 窟、第 361 窟等均出现有供养人画像，或画在门上，或以不同服饰共存。

龟兹石窟中的吐蕃元素

中宗景龙四年（710），唐朝雍王李守礼的女儿金城公主嫁给赤德祖赞，吐蕃派遣尚赞咄、名悉腊等迎接公主，中宗顾念公主年幼，赏赐给公主锦缯等数万匹，以及一些工匠，并带去了龟兹乐，这是吐蕃和龟兹文化接触的早期记载。此后在 8 世纪末和 9 世纪初，吐蕃两度占领龟兹。相继在龟兹营建、改建洞窟，因此在克孜尔石窟中可以看到受吐蕃风格影响的塑像及壁画。

克孜尔尕哈石窟位于新疆维吾尔自治区库车县西北，石窟中的第 31 窟壁画中，最精美、最具特色的要算是左行道内侧壁的本生故事。画面左侧一塔竖立，地宫中卧着一人，身上爬着几只老虎，当为萨埵那太子舍身饲虎图。故事讲萨埵那太子一次和两个哥哥外出游玩，发现山谷中有七只小老虎正围绕着一只母虎，这只母虎由于饥饿已经奄奄一息。如果任其下去，几只老虎都会被饿死。经过激烈的思想斗争，萨

第四章　吐蕃文化与内陆文明的交流

克孜尔石窟

埵那太子决定用自己的肉体来解救这几只老虎，他先支走两个哥哥，然后纵身从山崖上跳到老虎身边，饥饿难耐的老虎们迅速地吃掉了萨埵那太子的肉，然后就离开了。

等到萨埵那太子的两个哥哥回来找他时，只在山谷中看到地面上的斑斑血迹和一堆尸骨，他们从剩下的衣服和冠饰上认出了是自己的弟弟，两位王子趴在萨埵那太子的遗骨上放声痛哭。当国王和王后闻知自己最小的儿子已经不在人世时，悲痛欲绝。他们派人将萨埵那太子的遗骨运回宫城，建造了舍利塔，把王子遗骸供奉在塔中，虔心供养。

有趣的是，萨埵那太子舍身饲虎起塔图中的国王、王后穿着一种被称为"赭巴"的服饰，这与文献中记载的吐蕃人"释毡裘，袭纨绮"的记录相吻合。同时，该窟壁画中的女性人物都有两条辫子垂于双肩，这是史籍中记载的吐蕃"妇人辫发而萦下"的生动写照。从供养人画像来看，第31窟左行道内侧壁萨埵那太子舍身饲虎起塔图的下方，绘有一排供养人像，有两身供养人，一身颈佩朱红色的项链，内穿满饰云纹图案的圆领衣服，外披红色袒右的"赭巴"；另一身穿红色的圆领内衣，外披竖条纹和圈点纹相间的"赭巴"。从两身供养人戴的项链、穿着花纹图案华丽的服饰看，他们穿的不是袈裟，显然是"赭巴"，是一种无领、斜襟、右衽长袍，穿时要褪一袖、袒右肩的衣物，这种衣物和拉萨查拉路甫石窟造像中松赞干布披的"赭巴"相似，是吐蕃的一种传统服饰。

克孜尔石窟的壁画和雕塑中，一些与虎相关的造型和装饰吸引了我们的注意，这种题材与吐蕃统治时期莫高窟中的一些壁画和雕塑有相似之处。吐蕃统治时期的莫高窟中出现的虎的造型和装饰，被认为和吐蕃的虎崇拜有关。在战争中，吐蕃对立功者会根据其战功的大小奖励以六种不同的虎（豹）皮饰品。克孜尔石窟第97窟中心柱正壁佛龛上方半圆形壁面上，通壁绘着一幅佛降伏外道六师图，画面保存完好，除

第四章　吐蕃文化与内陆文明的交流

局部被烟尘严重覆盖、有些细节看不太清楚外，其他的基本都可以识别。这里所绘的密迹金刚其右侧一身，过去一直被误认为是头戴皮帽的形象，现在发现实际是头顶着虎头皮帽。另外，克孜尔石窟第175窟中心柱正壁以塑绘结合手法（龛内塑像，龛外绘相关壁画）表现帝释说法图，在龛外两侧各绘一个天神，右侧一身可以清晰地看到头上也戴虎头皮帽，除了虎的耳鼻外，还画出虎的眼睛，这是龟兹地区石窟中最典型的一幅戴虎头皮帽的护法神像。

新疆库车县的森木赛姆石窟第41窟中，也绘有戴虎头皮帽的密迹金刚和守护天神。第41窟作为佛为帝释演说正法内容的一部分，在中心柱正壁龛外两侧各绘一全身守护天神，右侧一身戴虎头皮帽，式样与克孜尔石窟第97窟、175窟所见到的基本相同。从国内外已经发表的石窟资料来看，表现护法神一类的雕塑和绘画很多，但塑绘出以虎皮为衣帽的，除龟兹石窟外，仅见于敦煌莫高窟、安西榆林窟的塑像和壁画。对于此类形象，学术界早已论及，认为是按照吐蕃武士模样塑绘的，是吐蕃武士荣誉服制的反映。

细加观察，我们还会在克孜尔的某些洞窟中，发现废弃的洞窟墙壁上有用硬物刻画的吐蕃风格的图画作品。这些作品中出现了羊、马、驼、禽鸟和人物形象，这种刻画与西藏中部等地的岩画极为相似，都是9世纪吐蕃牧民的遗留。特别有意思的是，在克孜尔石窟第93窟中的画面上，可以看到有一个尖顶的类似帐篷的东西，好像是吐蕃人所说的叫作"佛庐"的毡帐。这种佛庐既可以挡风御寒，又很轻便，是军队征战中的必需品。

第五章

阿拉伯、波斯文献记载的吐蕃文明

7世纪初兴起于青藏高原上的吐蕃王朝,到8世纪中叶时发展到鼎盛阶段,统治了河西、陇右这一大片地区,兵烽与使臣远及今天的印度、巴基斯坦、阿富汗、中亚等国。吐蕃盛产的麝香、黄金等,更是通过商旅的贩运,声名远播今中亚、西亚及北非一带。由于这些历史背景,所以从8世纪以来,在阿拉伯和波斯史学家、地理学家的著作中,开始有了大量关于吐蕃的记载。

第一节 吐蕃与阿拉伯、波斯的交往

7世纪中叶,兴起于阿拉伯半岛上的伊斯兰势力逐步控制了中亚,其影响开始到达唐朝。永徽年间(650—655),大食遣使来唐朝贡。"大食"为波斯文 tazi 的音译,原是一波斯部族的名称,后来阿拉伯人征服了波斯,唐代史书中就把东进的阿拉伯帝国称为大食。在古藏文中,大食拼为 ta zig,或更加藏语化而写作 stag gzig。不过,藏语中的这个词,不是直接来自波斯语,而是转译自中亚的粟特语(sogdian),是吐蕃通过与中亚康国的接触而得知 tazi 这个词的。

8世纪初,"白衣大食"(哈里发王朝,661—750)的军队在其呼罗珊总督屈底波的率领下,攻占了今楚河以南、帕米尔以西的中亚地区,并有继续向东推进的势头。这一时期,吐蕃正在经略克什米尔及帕米尔地区,意图攻夺唐朝的安西四镇。大食想要东进,吐蕃想要向西域发展,共同的军事目

第五章　阿拉伯、波斯文献记载的吐蕃文明

标使双方发生了联系。阿拉伯史书记载，704年，白衣大食在今中亚的铁尔梅兹（Tirmidh）发生了穆沙（Musa）叛乱，吐蕃和突厥等曾派兵前去协助镇压叛乱。

715年，吐蕃和大食军队联兵进攻拔汗那，拔汗那在汉代称"大宛"，《魏书》中称"破洛那"，《隋书》中称作"沛汗"，两《唐书》则都称作拔汗那，指今中亚的费尔干纳（Farghana）。显庆三年（658），高宗封其国为休循州，以其王为刺史。玄宗开元三年（715），吐蕃与大食曾另立阿了达为拔汗那王，发兵攻其城，拔汗那王兵败后，奔安西向唐军求救。当时正值唐监察御史张孝嵩在安西视察，收到拔汗那王的求援讯息后，发都府戍兵及羁縻州士兵万余人出龟兹数千里，连下数百城，长驱而进，击败阿了达于连城下，张孝嵩等勒石记功而返。

两年后，吐蕃、大食又联合谋取四镇。开元五年（717），安西大都护汤嘉惠上奏朝廷，说"突骑施引大食、吐蕃，谋取四镇，围钵换及大石城，已发三姓葛逻禄兵与阿史那献击之"。突骑施原是西突厥的一部，于唐武后年间强盛起来，建牙帐于碎叶川，其首领苏禄曾娶吐蕃公主为妻。突骑施引大食等兵围困的钵换、大石城分别为今新疆的阿克苏与乌什。此次吐蕃与大食的联合行动，由于唐朝安西大都护的迅速反击再度失败。

阿拉伯史学家雅库比曾写道,在奥马尔二世统治时期(717—720),吐蕃派出了一个使团,到大食的呼罗珊总督加拉赫处进行外交活动,还要求派一位穆斯林教师到吐蕃去。据说派去的这位教师名叫"沙利特",他是到拉萨去处理有关伊斯兰教事务的,此时伊斯兰教似乎已经传到了吐蕃。波斯文古地理书《世界境域志》记载伊斯兰教在西藏的传播情况说,拉萨"有许多偶像寺(佛寺?)和一个清真寺,其中住着一些穆斯林"。

唐代是否已经有伊斯兰教传入吐蕃,从目前的材料来看,还是不能确定,因为没有相关的藏文记载印证早期阿拉伯地理文献的内容。但关于吐蕃与大食有过接触与交往的史实是没有疑问的。《敦煌本吐蕃历史文书》"大事纪年"的732年这一条记载:"大食和突骑施的使者,前来赞普王廷致礼。"

750年,阿拔斯王朝代替了倭马亚王朝,汉文史书称这个王朝(750—1055)为"黑衣大食"。天宝十载(751),大食军队在怛逻斯击败唐安西节度使高仙芝的军队,此战后,唐朝在中亚的势力开始退缩。天宝十四载(755),唐朝发生了"安史之乱",吐蕃在此后约三十年中,相继攻占陇右、河西及西域东部南部的一些地方,于是出现了吐蕃与回纥、大食

第五章 阿拉伯、波斯文献记载的吐蕃文明

争夺西域的局面。

吐蕃与大食在西域相争的史实在汉文文献中有这样的描述,唐德宗贞元二年(786),唐润州节度使韩滉上奏德宗:"吐蕃侵夺我大唐河湟之地,已有很长时间。大历以前,我朝政事繁多,对河湟等地疏于管理,任凭吐蕃侵占。臣近来听说,吐蕃力量开始衰弱,在西边与大食相争,北边与回纥相交战,还要防范南诏的侵扰,其部署在河、陇戍守者,仅有五六万而已。"《新唐书·南蛮传》提到贞元十七年(801)西川一战时说,被唐军俘获的人中,有"黑衣大食等兵",他们当是吐蕃在与大食的战争中,被掳掠到吐蕃东线的。

雅库比还写道,809年,河中发生了由拉飞·伊本·来斯(rafi ibn layth)发动的暴乱,他利用昭武九姓人对大食统治的不满,在突厥人的支持下,率领群众杀死了大食官吏,完全控制了这个地区。当时,九姓乌古斯人、葛逻禄人及吐蕃人都给拉飞派来了援军。这个事件再一次证明,从8世纪后半叶到9世纪上半叶,吐蕃与大食是尖锐对立的。唐穆宗长庆三年(823)所建的唐蕃会盟碑说:"此威德无比雍仲之王威严烜赫,是故,南若门巴、天竺,西若大食,北若突厥、拔悉蜜等虽均可争胜于疆场,然对圣神赞普之强盛威势及公正法令,莫不畏服俯首,彼此欢忭而听命差遣也。"尽管这里

面有些言过其实,但也能间接看出吐蕃与大食双方"争胜于疆场"的对立关系。

到9世纪30年代,波斯人建立了独立的伊斯兰王朝——塔赫尔王朝,取代了阿拉伯人对中亚的统治。40年代末,吐蕃内部因灭佛与护佛之争发生战乱,河陇地区又归唐朝管辖。自是,吐蕃与大食势力都脱离了中亚,双方的交往也就告了一个段落。此后,有关吐蕃和穆斯林交往的记录就很少了,但仍然有一些零星的记录,一则史料说,11世纪初,吐蕃西部的古格国王意希微带兵到阿里以北去筹集黄金,以作为邀请印度高僧入藏弘法的聘金,结果被葛逻禄国王抓住,被强迫改信伊斯兰教。意希微没有答应,结果死在狱中。

第二节　阿拉伯、波斯文献记载的吐蕃地理交通

地理方位

目前所见到的阿拉伯、波斯文献中，最早谈到吐蕃地理方位的，是伊本·胡尔达兹比赫的《道里邦国志》，这本书的初稿完成于 846 年左右。书在"东方的情形——从扎敏到拔汗那的道路"一节中说，艾吐巴什是座城市，位于吐蕃和拔汗那之间的高原山路上。上努舍疆与吐蕃同处于东方的中心。

艾吐巴什就是《元史·耶律希亮传》中的阿体八升山，有人认为是《西北地附录》中的阿忒八失，地理位置在今天的帕米尔高原的山路上。拔汗那，即今乌兹别克斯坦共和国的费尔干纳。上努舍疆是《新唐书·地理志》中姑墨州都督府的努羯城，地望在今塔什干以东。从这几个与吐蕃相关的地名看，正像《道里邦国志》作者所说的那样，吐蕃与上努

舍疆"同处于东方的中心"。该书在"通向中国之路"一节中又说:"中国的疆界起始于海洋,经吐蕃、突厥,最终到西面的印度。"这样看来,书中描述的吐蕃地理方位基本上是准确的。

比《道里邦国志》的成书年代要晚,写于9世纪中叶到10世纪初的《中国印度见闻录》,是阿拉伯作家关于中国最早的著作之一。此书在"关于印度、中国及其国王的情况"一节中说:"在中国的西部,是突厥人的九姓回纥部落和吐蕃人的可汗(qaghan)部落。可汗部落和突厥人的国家接壤。"这种地理概况与《通典·边防》中论钦陵的描述非常相符。钦陵是吐蕃的一位大臣,他的父亲就是曾赴长安为松赞干布求亲的禄东赞。钦陵在万岁通天二年(697)曾对唐朝使臣郭元振说:"突厥俟斤部落,在靠近吐蕃的边境上活动,吐蕃与突厥之间,只有一片沙碛的距离,突厥骑兵快速行军的话,十天左右就可以到达吐蕃王廷。"

从10世纪开始,记载吐蕃地理方位的阿拉伯、波斯文献开始增多。伊斯塔赫的《各国道路记》(约成书于930—933年)说:"吐蕃位于秦(中国)和信德(印度)、哈兹拉贾人、托古兹古孜人和波斯海之间。它的一部分在信德王朝中,而另一部分在秦王朝中。"

第五章　阿拉伯、波斯文献记载的吐蕃文明

如果说《各国道路记》的描述还比较笼统的话，那么《世界境域志》（佚名，约成书于10世纪下半叶）对吐蕃的方位描述就确切多了，它说："吐蕃的东边是中国的某些部分，南边是印度，西边是河中的某些边境地区和葛逻禄境的某些地区，北边是葛逻禄和九姓乌古斯的某些部分。"当然这里描述的是吐蕃强盛时期的版图。

米儿咱·海答儿是阿拉伯和波斯史学家、地理学家，他是亲自到过吐蕃的为数不多的阿拉伯、波斯学者之一，他对吐蕃地理方位的描述可能更为可信。他在《中亚蒙兀儿史——拉失德史》（成书于16世纪）中写道："在图伯特的北面和东面是鸭儿看、于阗、卡墙、罗布、怯台、撒里畏兀儿。其余是一片沙漠，它的边界同中国的甘州和肃州接壤。""鸭儿看"是叶尔羌，"卡墙"为车尔臣。

图伯特是哪儿呢？《中亚蒙兀儿史——拉失德史》中说，图伯特是一个（狭）长地区：从日堪本（rikan báin, 意为西北方向）至巴康（bakani, 意为东南方向）。共八个月路程。而其宽度（无论在什么地方）都不到一月程，但也不少于十日程。……在于阗和上列印度诸城之间是属于图伯特的阿尔杜克山（茹拖山）、古迦山（瓜查岭）、阿斯帕提山（什普奇山）。英译者在注释 rikan báin 和 bakani 时说，这两个名

177

西藏林芝雪山

词在波斯语或突厥语字典中找不到，不知道它们属于什么语言，两词都有许多不同的拼法。笔者倾向于认为海答儿对两词的认识可能有误，藏文中有 gangs ri 一词，汉译为"雪山"，khams pa 意思是"康巴"；而恰好西藏的西北方向有史籍中所说的"大雪山"（今兴都库什山），西藏东部和四川西部的藏族人自称为"康巴"，那么据此认为 ri kan 似为 gangs ri 的倒装，bakani 是 khams pa 的颠倒。这样理解的话，图伯特的地理范围一目了然。

第五章　阿拉伯、波斯文献记载的吐蕃文明

幅员山川

吐蕃地域辽阔，在阿拉伯、波斯文献中也有这样的记载。《中国印度见闻录》说：上述国家之后便是下吐蕃（smad bod）诸王，这里的城市星罗棋布，国土幅员辽阔，一直延伸到蒙舍诏，而人口却比蒙舍诏多，而且吐蕃人比蒙舍诏人更接近中国人。smad bod 又可译为"东吐蕃"，这一称呼是与"上吐蕃（stod bod）"或"西吐蕃"相对的一种称谓。如果一定要划出一个范围的话，那么 smad bod 就是指西藏地区的东部（卫、康）；蒙舍诏就是南诏。

伊本·罗斯特的《珍宝志》（约成书于 903 年）谈到吐蕃的气候时，提到了吐蕃的地域情况，他说："在吐蕃、喀布尔和其他的国家里，举目望去到处是土地辽阔而人烟稀少的荒原地，夏季干燥无雨，冬季寒冷多雪。"与今天西藏各地的气候相比较，西部阿里地区的地理、气候特征恰好与其相符。

对吐蕃的山川地形的叙述，比以上两本书还要具体的是《世界境域志》，书中说：马尼萨山（Manisa），该山向北延伸到印度、吐蕃交界的地方，又继续朝北穿过吐蕃与中国之间，一直到吐蕃所属的 Rang rong 极边处，然后转向西，经过中国和吐蕃的纳兹万（Nazvan）地区之间，向西北方向延伸到吐蕃的最远边界，然后经 Tus.mt 和中国（可能指于阗？）之间到中国边疆沙漠的最远处；然后从河中诸城镇和突厥斯坦诸城镇之间延伸到怛罗斯（Taras）和失勒吉（Shilji）边缘后，这条山的山脊就在那里消失。

英译者对这段描述注释说，马尼萨山分别指的是数条山脉：从开始的地方到印度与中国的交界处，此段应指马来半岛的纵向山脉。从吐蕃东界到中国的 Rang rong（嘉绒）一段，应指吐蕃东南部的山脉。从吐蕃所属的 Rang rong 极边处，然后转向西到纳兹万向西北延伸的一段，似乎指的是甘肃与青海和柴达木的分水岭南山（祁连山）。从吐蕃西北方向最远处到中国边缘的沙漠最远处一段，应指吐蕃北部与塔克拉玛干沙漠之间的昆仑山脉和阿尔金山。最后一部分应指天山西端和锡尔河盆地东部的山脉。

《世界境域志》在第六章中的"关于河流"一节中说：有一条河叫金沙乌（Kisau）河，发源于马尼萨山的东边，它一直流到吐蕃中央的一个地方。河流顺着该山向前，在山区和耕地之间奔流，直到藏印边界的对面，然后又穿过许多山脉，到库江（Kujan）和布格舒尔（Bugh shur）地区；随后经中国的 Ir.sh 省和 Khur.sh 省之间注入东洋。此河在进入布格舒尔地区之后，就叫作江（Ghiyan）。英译者认为，Kisau

第五章　阿拉伯、波斯文献记载的吐蕃文明

位于西藏林芝的江河汇合处

指长江上游，可能就是金沙江，金沙江发源于西藏的东北部、昆仑山的南部；Bugh shur 是一个伊朗语的地名，它的意思是盐，似乎指的是四川自贡的自流盐井，这是一处制盐业的中心。《世界境域志》"关于河流"一节又说，从金沙乌河分出一条大河，流到吐蕃可汗的城堡附近和卫藏（Usang）地方。在这儿河水被用于灌溉农田和草地。这条大河似乎指的是《旧唐书·吐蕃传》中的"藏河"，即今雅鲁藏布江。但并非从金沙江分出，作者可能相信了传言。

丝绸之路与吐蕃文明

道路交通

从中国的整个地形上看,西藏位于第一阶梯青藏高原上,这里平均海拔在 4000 米以上,因为高海拔被称为"世界屋脊"。高原内部的地形差异也比较大,险峻的地形决定了道路交通十分艰险和困难。青藏高原上的这种交通状况,《中国印度见闻录》中这样说:"该国(下吐蕃)和中国之间,除高山峻岭之外,只有崎岖山径。"这一描述符合吐蕃与中原之间的地理交通状况。

青藏高原险峻的地理环境时常会给行人带来一些麻烦。《记述的装饰》一文说:"去吐蕃的道路,那是从和阗去阿拉善(?),而且是顺着和阗的丛山走。……顺着这些山可到阿拉善。向前走是一座桥,从山的这边搭向另一边,据说,桥是和阗人在古时候修建的。山从这座桥一直绵延到吐蕃可汗的都城。走近这座山的时候,山上的空气使人喘不过气来,因为没法呼吸,说话也变得困难了,许多人就因此丧命,吐蕃人把这座山叫毒山。"有学者认为:这条由于阗向南到吐蕃的路线,很可能就是 16 世纪初米儿咱·阿巴·白乞儿通过喀兰兀塔格(karang hutagh)向退摆特(拉达克)逃跑的路线。这座"毒山"在《中亚蒙兀儿史》中也有小篇幅的介绍,特

第五章 阿拉伯、波斯文献记载的吐蕃文明

别提到在进入西藏时,在翻越这座山时容易得"高山病",书中说,图伯特的另一奇事是蒙兀儿人称为亚司的高山病,这是图伯特全境都很常见的病;不过在城堡和乡村附近比较少。症状是十分恶心,患者人人感到气喘不已,筋疲力尽,好像背负重物跑上陡峭的山岭一样。由于气憋,使人难以入睡。这种病只外地人才得,乌斯藏本地人从来不害,那里的医生也不知道为什么它专找异乡人。

从上面的这些记载看,似乎吐蕃的道路异常险阻,其实在有些地段行走,也不是特别困难。《中亚蒙兀儿史》中就提到进入图伯特时,首先必须攀越高山峻岭中的山道;而在山的另一侧,道路并不下降,因为一到山顶,地就平了,只有少数地方山路(的远端)微有倾斜。

第三节 阿拉伯、波斯文献记载的吐蕃气候物产

《世界境域志》提到,吐蕃有农业,人口众多,但商品少。该国有些地方属热带,有些地方属寒冷地带。所有印度的商品皆输入吐蕃,再从吐蕃输出到穆斯林各国。吐蕃有金矿,并出产大量麝香、黑狐、灰鼠、黑貂、银鼠与犀牛角。

吐蕃虽然有农业,但是农产品不丰富,这与吐蕃所处的青藏高原,地形高差有别、气候相差过大有关。在吐蕃的境域内,我们甚至会找到一些适合发展农业的地方,比如说像孕育吐蕃王朝的雅隆谷地。库特所著《地名辞典》(约成书于1224年)一书说:"我们到了吐蕃部落,在这里旅行了四十天,平安无事。吐蕃人吃小麦、大麦、蚕豆,各种肉类、鱼、蔬菜、葡萄和水果。"

青藏高原的很多地方其实对大力发展农业不利,但确能

第五章 阿拉伯、波斯文献记载的吐蕃文明

为一些动物的成长提供温床。阿克伯·契达伊在《中国志》（约成书于 16 世纪初）中这样说："（中国）宫院内，他们看养着一些狮子、豹子、猎豹、猞猁狲以及吐蕃狗。吐蕃狗是一些长毛的身材巨大的动物，如同狮子一样勇猛，土耳其算端有一大群这样的狗，民众们称之为'萨姆松狗'，但它们却是来自吐蕃的一种犬类。汉人于吐蕃附近的山上捕捉这种狗。"这有没有点像今天的藏獒呢？

吐蕃位于海拔 4000 米以上的高原上，海拔越高，气温越低，《中亚蒙兀儿史》描述说："由于地势很高，图伯特的气候就特别寒冷，以致大部分地方只能种植芜菁。"芜菁这种植物，据说是文成公主进藏时带来的，后来在吐蕃广泛种植。该书还提到，吐蕃当地所种的大麦通常是一种两个月就能成熟的谷物。在图伯特的某些地区，夏季只有四十天，即便在夏季，河川在午夜以后也时常封冻。整个图伯特由于天气特别寒冷，树木从来就长不大；五谷杂粮也不生长，因为秸秆很矮，都被牛羊践踏坏了。当然，这里所说的五谷杂粮也不生长属夸大之嫌，但也道出了吐蕃某些地方恶劣的生态环境。

以上各种记载对照汉、藏文史籍来看，基本上符合吐蕃的情况。个别地方，比如说食物中包括"葡萄"，"五谷杂粮也不生长"，乍看起来属于谬传，但其实反映的是西藏某一地

西藏牦牛

区的情况。乾隆时期的《西藏志》就说:"拉萨至杨八景一带,有霍甘一种人,居黑帐房,以牧畜打牲为业,天寒不生五谷,产马、牛、羊";民国时期的《西藏志》在"西藏土宜表",前藏一栏中也列有"葡萄"这种水果。

记载吐蕃麝香最丰富、最具传奇色彩的也是伊斯兰的地理文献。《中国印度见闻录》是阿拉伯作家关于中国的最早的著作之一,其中记载吐蕃麝香的情况,无疑是属于唐代的。其中一段文字写道:"吐蕃出产的麝香比中国其他地方的都要好;其一是吐蕃境内的麝香鹿吃的是甘松,而中国其他地区的麝香鹿以草木作食料。其二是吐蕃人把麝香鹿的腺囊原封

第五章　阿拉伯、波斯文献记载的吐蕃文明

不动地保存起来,装入罐中密封好,从陆路完好无损地运到阿拉伯,而中原产的麝香由于运输途中密封不好,加上从海路辗转运输容易受潮,所以失去了原来的质地。"

《各国道路记》和《世界境域志》对吐蕃麝香的描述更具体一些。伊斯塔赫里的《各国道路记》说:"玛维兰纳赫尔有麝香,它是玛维兰纳赫尔居民从吐蕃人和柯尔克孜人那儿弄来的,然后又运往其他国家。玛维兰纳赫尔即今天中亚阿姆河与锡尔河之间的河中之地。"《世界境域志》也说:"吐蕃有金矿,并出产大量麝香、黑狐、灰鼠、黑貂、银鼠与犀牛角";又说:"在今阿富汗北境的巴达克山是一个商人常常光顾的地方,那个地方有金、银、石榴石和青金石诸矿,麝香是从吐蕃输入的。"

被运到中亚的吐蕃麝香,被再次转手贩卖到了阿曼、波斯、伊拉克等西亚和北非国家,因而声名远播。努韦理的《香料的配制》一书,就提到了阿拉伯的药剂师们如何用"珍贵的吐蕃麝香",来为哈里发配制复方成药噶利亚和龙涎香,前者实际上是指麝香和龙涎香的混合饮料。其中提到喜欢饮用由吐蕃麝香配制的饮料的哈里发有:哈吉贾吉(卒于731年);倭马亚王朝的西萨姆·伊本·阿卜德·马立克(724—743年执政);阿拔斯(黑衣大食)的马蒙(813—833年执

政);瓦蒂克·比拉赫(842—847年执政);贾法尔·穆塔瓦基尔·阿拉·阿拉赫(847—861年执政);穆斯塔因·比拉赫·阿拔希(862—866年执政)。

其中,阿拔斯的哈里发马蒙的药剂师在调制复方成药噶利亚时,先取一百米特喀勒(重量单位)珍贵的吐蕃麝香,在清除掉来自贮存麝香阴囊的杂质和附着于其上的纤毛之后,将之研碎,然后再用厚厚的中国丝绸过滤,接着重新研磨并筛滤,直至成为粉末为止。其后用一个麦加玻璃杯或一件中国容器盛上足量的高级辣木油,再加五十米特喀勒的西赫尔产的、已切成小块的带油脂的蓝琥珀,将盛物器皿放置在木炭微火上,使之不冒烟,不释放气味,一直用金匙或银匙不断搅动,到琥珀溶解时取出。冷却后,注入麝香,用手搅拌,使之混合均匀,再放入金质或银质容器中。用中国丝绸包上棉花做的塞子封住容器口部,不使气味冒出。这样制成的复方成药的疗效最令人满意,阿拔斯的哈里发马蒙特别喜欢这种成药。难怪当时一位出身于阿拔斯哈里发家族的名叫雅库比的人,说过这样一句话:"最好的麝香是吐蕃麝香,其次是粟特麝香,再其次是中国麝香。"这个评价是十分中肯的。

各种藏、汉文史书中对西藏盛产麝香的记载,可以同阿拉伯文献的记载相印证。乾隆时期的《西藏志》在"物产"

第五章 阿拉伯、波斯文献记载的吐蕃文明

一节中说:拉萨至杨八景一带,产马、牛、羊、麝香。民国时期的《西藏志》"西藏土宜考"一节中也说:"麝,形似獐,食柏叶,腹有香。里塘、瞻对均产。"

在西方人的眼中,西藏是一个神秘的地方,不仅仅因为这里地形复杂,人文独特,还因为这是一个遍地出产黄金的地方。《世界境域志》说:"Rang rong 是吐蕃的一个省,与印度和中国相毗连。据说其山上有金矿,山中发现金块,状如几个羊头拼在一起,不管是谁,如果收集到这种金子并将其带回家,死神就要降临,除非他把这金子送回原处。"英译者对此注释说:"Rang rong 此地在吐蕃之东南部,似位于今四川一带。"这个推测大致不误,Rang rong 很有可能是"嘉绒"或称"甲绒"(rgyal rong)的误写。被称为嘉绒的藏族分布在四川西部的小金、金川、马尔康、丹巴、道孚、色达、黑水、汶川、理县、宝兴等地。

《中亚蒙兀儿史》中有这么一段文字记述吐蕃金矿,说在(西藏)大部分姜巴(cham ba)区域都发现有金矿,其中有两个奇怪的矿。一个被蒙兀人称为图伯特的阿尔腾吉,多尔巴部落中的一群人在此开采。据说从这些矿中挖出来的一筛土,有时可得十密思克耳黄金。单身一人挖土、运土和淘土,几天工夫就能拣出满满二十筛。此外,古迦(瓜查岭)共有二百座城

堡和乡村,到处可以找到金子。不论在何地掘出土来,撒在布上,就能找到金子。最小的金颗粒大的像扁豆或豌豆一般,有时找到的金块像羊肝一样大。真主非常奇妙地创造了这片土壤,当人们从地里取黄金的时候,无论怎样敲击、焙烤,或压印,金块的大小总不改变;只有火能起一些作用。英译者对这句话也有相应的注释,他说,西藏西部地区产金,是众所周知的事,但是发现的数量很少,而且通常仅限于金砂,很少听到有金块,据说质量很好,大部分出产在克什米尔和印度。开采金矿——至少在拉达克——是在洞穴或坑中进行的,很多情况同《中亚蒙兀儿史》描写的一样。

阿拉伯、波斯文献中记载西藏盛产黄金一事,从汉、藏文史书中也能得到印证。《新唐书·吐蕃传》就说,吐蕃"其宝金、银、锡、铜",藏文史书《贤者喜宴》也说,早在唐以前的吐蕃先民中,就有"智勇谋臣七人,为首的即如莱杰,他的聪睿的业绩是:烧木为炭;炼矿石而为金、银、铜、铁"。吐蕃产金的历史在藏文《拉达克史》中也被提及,

纽约大都会博物馆收藏金高脚杯(霍巍《一批流散海外的吐蕃文物的初步考察》)

说某位拉达克国王在 930 年去世之前，将他的王国分给了他的三个儿子：长子分得了拉达克东部的日土以及"戈人的金矿"，有学者把这里提到的金矿考订在西藏西部、印度河上游以东的某个地方。在晚至 20 世纪 20 年代编纂成的《西藏志》"西藏矿产"一节中开篇就说，西藏产金尽人皆知，著名金矿有四：一为索克珠拉克巴金矿，在扎什伦布西，二为索克扎兰金矿，三为唐佳金矿，四为萨尔加西亚金矿。均在索克扎兰之东，相距约六日行程。

第四节　阿拉伯、波斯文献记载的吐蕃社会

可汗

  秦始皇统一中国后,"皇帝"一词开始成为中原各王朝最高统治者的一种称谓。而周边的一些少数民族对自己的首领称呼显然不同,《道里邦国志》在"各地诸王的称号"一节中说,"突厥、吐蕃、可萨突厥诸国的君主均被叫作罕甘（Khāqān）"。Khāqān 也翻译为可汗、合罕、可寒,属突厥语音译,意思就是皇帝、君主。在吐蕃社会中,百姓将他们的君主称为"赞普"（btsan po）,但在与阿拉伯、波斯、突厥诸国的交往中,吐蕃赞普也被称为可汗,在今拉达克德兰茨村发现的粟特石刻铭文说:"210 年,来自撒马尔罕（samarkander）的诺斯凡作为大使,致礼吐蕃可汗（khagan）。"据研究,这件铭文的年代,当在 825 年 4 月 24 日至 826 年 4 月 12 日之间,它反映了 9 世纪上半叶,吐蕃与

第五章 阿拉伯、波斯文献记载的吐蕃文明

中亚康国交使的情况,同时也间接表明了中亚及突厥等国是以自己国君的称号去称呼吐蕃赞普的。

吐蕃赞普的出身,在阿拉伯、波斯文献中有相当篇幅的记载。《各国道路记》说:"他们(吐蕃人)有独立的皇帝,据说他出身于吐蕃人,而真主知道得更清楚。"《世界境域志》更进一步说:"其王称为吐蕃可汗,拥有大量军队和武器。该地有一部落,名叫 ma yul,吐蕃诸王皆出自此部。"

在马苏第(?—956)编撰的《黄金草原》一书中,对吐蕃赞普的出身与称号有另外一套说法:诺亚的重孙阿穆尔的后裔散居各地,其中一支来到印度边界,他们或住在城市中,或栖身于帐篷内。还有一支前往吐蕃定居,并从中选出了一位服从大可汗权力的国王。但是,自从这位国王停止行使至高无上的权力之日起,吐蕃居民便称其首领为可汗,以模仿古突厥国王,后者享有"可汗中的可汗"之尊号。在古代,他们的国王享有"图伯尔"的尊号,这来自也门国王图伯尔的名字。后来,时代的变迁使希姆叶尔语消失了,从而用附近民族的语言取而代之,国王获得了"可汗"的尊号。显然,《黄金草原》关于吐蕃赞普出身于诺亚的重孙阿穆尔的后裔一说,是一种受《圣经》文化影响的说法而已,不足为信。

丝绸之路与吐蕃文明

人民

  吐蕃民众是一个坚韧、顽强，具有崇高信仰的族群。《黄金草原》一书说：吐蕃是与汉地不同的一个王国，其居民大部分是由喜马拉雅人组成的，其中也包括图伯尔（Tubba）人的后裔，正如《图伯尔史》中所说的那样。在吐蕃人中，一部分是定居者，其余是游牧民。后者起源于突厥人，其人数之多不可胜数，其他任何突厥部族都不能与他们相媲美。

拉萨八廓街（尹春龙摄）

第五章　阿拉伯、波斯文献记载的吐蕃文明

《黄金草原》又提到"吐蕃"(Thubbat)一名系由于他们的定居(Thabata)而来的,是一个叫赛米尔的人把希姆叶尔人留在了吐蕃和中国中原。这种把吐蕃王族的先世追溯到最初的阿拉伯人那里,显然缺乏根据,马苏第的这一记载可能是当时阿拉伯世界流传的吐蕃人来源的说法之一。

在有关吐蕃人来源这一问题上,亲自到过西藏的米儿咱·海答儿在《中亚蒙兀儿史》中的记载更为可信,他说,图伯特的居民可以分为两类。一类叫作玉耳巴(yul pa)——意思是村落居民;另一类叫姜巴(cham ba),意思是沙漠居民。不过,沙漠居民只限于图伯特的一个地区,他们这种游牧民有一些很奇特的生活习惯,为其他地方所罕见:首先,肉或其他食物完全生吃,根本不知道烹调;其次,他们用肉而不用谷类喂马,他们只用羊驮运,每头大约能运载十二标准曼。姜巴的生活方式如下:冬季他们带着中国的盐铁、山羊毛衣料、莪术、牦牛、金子和围巾等,下到山地的西坡和南坡,也就是到达痕都斯坦并在该地进行贸易;到了春季,他们又从那里带着当地出产的布匹、粮食、大米、谷类等,装在羊身上,满载而归。乡村中的居民叫玉耳巴,这种人散居在各地,例如退摆特的巴尔提地区就有;巴尔提本身包括若干地段,如布里克、哈普拉、阿希加尔、阿斯喀尔都、隆

克和拉达克等地,每一地段又都有堡垒和村落。 英译者注释道:玉耳巴可能是 yul cho pa 的简称,导源于 yul cho 或 yul che,意思是村落。姜巴,据作者说,是位于帐篷中的人,即藏地的游牧民族。

社会与习俗

如果你走在成都的大街上,不用翻山越岭,就可以看到一些着装、肤色、语言别具风格的藏族人。当你初次见到他们时,一定会激发起你无穷的想象,在那海拔数千米的高原上,他们的社会和习俗是怎样的呢?是不是跟内地人迥然不同。带着这些疑问,我们在阿拉伯文献中找到一些答案。

《地名辞典》说:"随后我们到了吐蕃部落,整个部落向巴格拉吉王缴纳赋税。吐蕃部落用抽签的方法决定其国王人选。那里有一座监狱,专门用于惩处罪犯和罚款。"这里的"巴格拉吉王",很可能是指当时统治西藏西部古格王朝的拉达克王"拉吉"(lha rgyal)。 至于书中说用"抽签的方法决定其国王人选",这种选拔的方式,在藏汉史书中看不到相应的记载,恐怕是伊斯兰世界的一种误传。吐蕃王国的历任赞普比较可信的来源,现在看来均是从悉补野家族中产生的。

吐蕃社会和习俗的相关记载还见于其他的阿拉伯、波斯

第五章 阿拉伯、波斯文献记载的吐蕃文明

文献,《中国志》写道:"吐蕃人自古以来就居住在契丹的山区。他们出自一个崇拜偶像的牧人种族,中国古代的皇帝们把这些山区封赏给他们。"在西方的文献中,有将中国称为契丹的记载。

另一本阿拉伯、波斯著作《世界境域志》说:"Rangrong居民住在帐篷中,其财产为绵羊。吐蕃可汗向他们征收人头税以代地税。该地有一部落,名叫玛域(ma yul),吐蕃诸王皆出自此部。"用"人头税以代地税"的记录不是信口开河,有藏、汉文史料可以作为辅证。《敦煌本吐蕃历史文书》"大事纪年"中将这种税称为"大料集",如"虎年(702),征苏毗茹大料集";"鸡年(709),征调约茹牧户大料集"。《新唐书·南蛮传》也说:"虏法,每三户年出一兵,是谓大调集",这种以户出兵的征调方法,与人头税相似。

吐蕃独特的社会与习俗是高原特殊的地理环境等因素影响下的产物。高原上虽然资源贫乏,气候独特,但正是这种艰苦的环境造就了吐蕃人坚韧、勇敢、开朗、豪爽的性格。《道里邦国志》的作者说:"当外国人一到吐蕃,他会有一种愉快而幸福的感觉,直到其离开为止。"马苏第的《黄金草原》对此也有详细的记述:"那里居民总是笑眯眯、兴高采烈和心情欢畅的样子,我们无法一一列举该王国中水果和鲜花之不可思议的品种,更谈不尽其牧场与河湖的所有财富。"这片高原大地上的确有数不尽的让你心旷神怡的美景,有太多的让你道不出、说不明的神奇现象,时至今日,它那蔚蓝的天空,如画一般的美景,对待宗教的虔诚之心等,依旧吸引着一批又一批的游人。

宗教与寺庙

经过与苯教的激烈斗争,吐蕃人逐渐改信了佛教,佛教在吐蕃得到空前发展,传播佛教的场所——寺院也如雨后春笋般建造起来。不过佛教在吐蕃盛行时期,苯教信徒和苯教寺院在青藏高原的很多地方依然存在。《道里邦国志》在"各地人民礼拜的方向"一节中说,吐蕃(al-tuhbat)、突厥、中

传说中的第一座吐蕃宫殿雍布拉康

第五章 阿拉伯、波斯文献记载的吐蕃文明

国等地的人民,都"面对玄石(伊斯兰教徒崇拜的圣物)礼拜"。稍微有点文化知识的人对此恐怕都会感到奇怪,细细究来,这种说法显然是从伊斯兰礼拜的习俗出发的,如果它描述的是上述人群中的伊斯兰信仰者,方才可信。

在阿拔斯朝哈里发·马蒙统治时期,雅库比记载说:吐蕃赞普信仰了伊斯兰教,为了表示皈依,他还把用金宝座铸成的佛像送往呼罗珊。马蒙将这个偶像送往了麦加,但在一次叛乱中,叶基德总督把这座偶像打制成了金币。马蒙在位时期,是吐蕃赞普赤德松赞在位(798—815)的后两年和他的儿子赤祖德赞执政(815—836)的大部分时期,这两位赞普都是虔诚的佛教徒,说他们皈依伊斯兰教纯属一种附会。也许赤祖德赞向黑衣大食送去一座金佛像,是弘扬佛教的一种举动。

事实上,吐蕃人最先开始时信仰的是苯教,后来随着佛教的传入,才逐渐形成了适合自己的佛教信仰,即藏传佛教。根据现在零星的资料看,吐蕃的宗教成分或许更为多元,《世界境域志》提道:"拉萨,是一个小镇,有许多偶像寺(佛寺?)和一个清真寺。其中住着少数的穆斯林。"《地名辞典》也说,吐蕃有一座用高大芦苇筑成的城郭,城中有一寺庙,用石建筑,上有涂油之牛皮,寺庙里有用麝香、羚角做

成的偶像。城中有伊斯兰教徒、犹太人、基督教徒、袄教徒和印度人。据此有学者认为，佛教传入吐蕃的同时，南亚和中亚各国的其他宗教，也传到了吐蕃，通过突厥人（回纥人）、粟特人传来了摩尼教，通过伊朗传来了景教，通过大食传来了伊斯兰教，但这些宗教对当时吐蕃社会的发展和影响，极为有限。

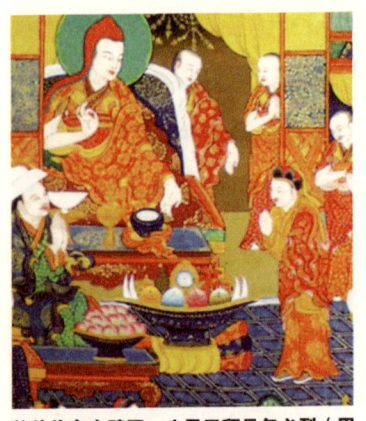

扎什伦布寺壁画，八思巴拜见忽必烈（甲央、王明星主编：《宝藏》第三册，图3）

伊本·白图泰（1304—1377）的《伊本·白图泰游记》说，大约在1341到1342年，穆罕默德·都忽鲁黑（1320—1414，为都忽鲁黑王朝时期）在征伐喜马拉雅山中的一些独立部落时，劫掠了佛教寺庙。在此不久以前，欧洲的旅行家鄂多立克曾说吐蕃沉睡在僧寺里面，对于上面这些事件，吐蕃并没有什么行动，但是中国的皇帝派使节要求允许重建被毁的寺庙，穆罕默德表示同意，但是他提出条件，说要依照可兰经典的法律，要付出一定的贡赋。

详细谈到吐蕃寺院的要数《中亚蒙兀儿史》，书中说：西

第五章 阿拉伯、波斯文献记载的吐蕃文明

藏是全契丹和图伯特的朝向和克尔白（圣地），该地有一座巨大的偶像寺院。他们中有学识的人称为喇嘛，但是，喇嘛根据学识的高下有不同的名称。接下来，作者把他所了解到的佛教因果报应、六世轮回的教义叙述了一番，然后说：这就是释迦牟尼教的教义。全中国都信奉这种宗教，他们称此为释教；而在图伯特则称为"释迦土博"（shaka tu ba）和"释迦牟尼"，书上写作"释迦牟尼"。在某些史书上，释迦牟尼被认为是印度的圣者之一，有人认为他是一个导师。释教的教义还说，仅仅人教信神是不能进入天堂的，还要看他的业因如何。目前，他们一切偶像，庙门口的主神像以及他们的全部传说，都和迦叶佛（jana kasapa）有关，佛像雕的是迦叶佛。对照藏传佛教的教义、佛的名称、出家者的称号，可见米儿咱·海答儿的描述大部分是符合事实的。